现代중국어 논리 및 논술

– 이론과 실제 –

LOGIC AND ESSAY WRITING
EDUCATION FOR CHINESE LANGUAGE

강성조(姜聲調) 지음

신아사

목차

Ⅰ. 머리말 / 15

Ⅱ. 중국어 논리 및 논술 통론 / 19

Ⅲ. 중국어 글 읽기 / 23

Ⅳ. 중국어 글 읽기와 글쓰기의 관계 / 31

Ⅴ. 중국어 글쓰기 / 35

Ⅵ. 중국어 논술문체 및 그 수법 / 39

Ⅶ. 중국어 논술구조 및 문장법 / 47

Ⅷ. 중국어 논리 및 기타 / 57

Ⅸ. 중국어 논술 / 87

부록 / 161

现代 중국어
논리 및 논술

육과정 표준(汉语文课程标准)』을 검토하려 한다.

Ⅲ장에서 중국어 글 읽기의 목적과 방법에 대해 서술하려 한다.

Ⅳ장에서 중국어 글 읽기와 글쓰기, 글 읽기 능력과 글쓰기 능력의 관계에 대해 서술하려 한다.

Ⅴ장에서 중국어 글쓰기의 정의, 특징, 작용, 의의 및 그 수준의 향상법에 대해 서술하려 한다.

Ⅵ장에서 중국어 기서문, 설명문, 의론문, 응용문 등 논술 문체와 표현방식, 논술방식, 수사기법 등 논술 수법에 대해 서술하려 한다.

Ⅶ장에서 중국어 논술구조, 문장법, 논술방법과 논제의 선정, 논제의 분석, 제시문 분석 및 논술문의 구상 등에 대해 서술하려 한다.

Ⅷ장에서 중국어 어의어법, 문장과 문장, 단락과 단락, 전체문장 논리, 논술문 단락구성, 논술훈련 및 연습 등에 대해 서술하려 한다.

Ⅸ장에서 중국어 단문, 장문을 '응용문'을 위주로 그 본질적 특징, 종류와 용도, 4대 요소와 특징, 응용문의 실제(상·중·하), 논문 작성법 등에 대해 서술하려 한다.

Ⅹ장에서 "중국어 논리 및 논술" 교과의 평가원칙, 평가방법, 채점방식 등에 대해 서술하려 한다.

Ⅺ장은 결론이다. Ⅱ장에서 Ⅹ장까지 기술한 내용을 종합정리하고 "중국어 논리 및 논술" 교과의 이론과 실제를 열거한 후 후속 저술에 대한 기대와 저술편찬의 필요성, 기술적 근거를 제시하고 그 교육적 기여를 강조하며 마무리하려 한다.

"중국어 논리 및 논술"은 정신, 심리적 사유체계의 의미를 형상화를 통해 논리적 체계로 전환하고 다시 논술을 거쳐 문장으로 구체화하는 과정에 관한 일련의 이론지식 내용이 망라된 종합적 성격의 교과목이다. 그 가운데 중국어 글 읽기와 글쓰기, 논술 문체 및 그 수법, 논술구조 및 문장법, 논제의 선정 및 분석, 중국어 각 문장 단위의 논리, 논술문의 단락구성, 논술훈련과 연습, 해당 교과의 평가 등의 내용을 포함한다. 이로부터 관련 저술 및 편찬을 위해 정인순·김동형 등(2019)의『교원자격검정 실무편람』(세종: 교육부 교원양성연수과), 강남식 등(2005)의『논술·면접 지도 요령』(세종: 한국교육과정평가원)과 중국교육부(中國教育部: 2011)의『汉语文课程标准』(北京: 人民教育出版社), 천쭝미잉(陈宗明: 1993)의『중국어 논리 개론(汉语逻辑概论)』(北京: 人民出版社)을 기본 이론지식에 관한 기초자료로 활용하고 이외에도 다수의 논술 관련 국내외 저서,

학위논문, 학술저널을 참고하였다.

"중국어 논리 및 논술"에 관한 이론지식 전문서적이 전무한『중국어』교수·학습 현장에서 본연의 수업활동 전개, 중등교원 임용시험을 준비생들이 직면한 '중국어 논술' 문제 해결을 위한 필요성이 강조된다. 이러한 문제 해결의 필요성에 입각해서『중국어 논리 및 논술』이란 관련 이론지식 전문서적의 저술 및 편찬을 계획하게 되었다. 본 저술 및 편찬으로 필자가 전개(진행)하는 중국어문학과 교직 및 전공기초 수업과 교육대학원 중국어교육전공 교직수업 진행에 일조할 수도, 우리나라 중국어문학계 관련 전공의 학술적 공백을 메꿀 수도 있을 것이다.『现代중국어 논리 및 논술』의 저술 및 편찬 목적이 바로 여기에 있다.

아무튼『现代중국어 논리 및 논술』이 한 권의 이론지식 전문서적이 관련 교육현장에서 적절히 활용되어 "现代중국어 논리 및 논술"교과 교수·학습의 전개를 도울 수 있고 동시에 중등교원 임용시험 준비생들의 '중국어 논술' 문제를 해결하는 데 기여할 수 있을 것이라 생각한다.

Ⅱ. 중국어 논리 및 논술 통론

우리나라 중등교원 양성을 위한 "중국어 논리 및 논술" 교과에 관한 기본 이론지식은 교육부에서 엮은 2종류 자료집 가운데 제시하는 데 즉『교원자격검정 실무편람』,[1]『논술·면접 지도 요령』[2]이다. '기본 교수요목' 내용을『교원자격검정 실무편람』에 도표로 정리하여 분명히 제시하고 있고 '논술' 관련 내용을『논술·면접 지도 요령』에 체계적으로 제시하고 있다. 그 구체적인 논술 관련 내용을 열거하면, 다음과 같다.

1. 중국어 논리 및 논술의 준거

"중국어 논리 및 논술"의 준거는 교육부에서 제시한『교원자격검정 실무편람』,『논술·면접 지도 요령』등 2종류 자료집에 제시한 사항이다.

1.1 교육부『교원자격검정 실무편람』

『교원자격검정 실무편람』Ⅲ. 교원자격 무시험검정 ③전공과목의 이수다. 교과교육 영역 1)교수요목(교과목별 기본교수요목) 항목 중에 도표로 제시한 내용을 정리하면, 다음 〈표-1〉과 같다.

〈표-1〉『교원자격검정 실무편람』에 제시한 교수요목

교과목	기본교수요목
① 교과교육론	
② 교과교재연구 및 지도법	

1『교원자격검정 실무편람』, 세종: 교육부 교원양성연수과, 2019.2.

2『논술·면접 지도 요령』, 세종: 한국교육과정평가원, 2005.12.

③ 교과논리 및 논술	각 교과별 특성에 부합되는 논리적 사고의 근본 법칙 및 논술에 관한 교육에 역점을 둔다.
④ 교과별 교수법	
⑤ 교과별 교육과정	
⑥ 교과별 평가방법론	

〈표-1〉과 같이 '논리 및 논술'교과 교수요목 내용은 즉, "각 교과별 특성에 부합되는 논리적 사고의 근본 법칙 및 논술에 관한 교육에 역점을 둔다"[3]는 것이다.

1.2 교육부 교육과정평가원 『논술·면접 지도 요령』

『논술·면접 지도 요령』 Ⅰ. 논술의 개념과 특징 1. 논술의 개념 (1) 논술의 정의 항목 중에 논술이란 "사전적 의미만을 고려하자면, '제시된 주제에 관하여 필자의 의견이나 생각을 논리적으로 서술하는 것', '일반적으로 글쓰기에 국한하여 사용되고 있다'"[4]라고 말하였다. 보다 정확하게 말하면 논술은 "'비판적 읽기와 창의적 문제 해결하기를 기반으로 한 논리적 글쓰기'라고 간략히 재 정의하였고 '논술은 논설문, 해설문, 설명문의 형태를 포괄하는 글쓰기로서, 주로 어떤 주장을 제기하고, 왜 그 주장이 정당한가 하는 것을 논증하거나, 우리가 관심을 가지고 있는 현상을 어떻게 설명하고 예측할 것인가를 논의하는 글쓰기라고 할 수 있을 것이다'"[5]라고 정의하였다.

이처럼 논술은 그 성격에 따라 시·소설 등 문학작품의 창작적 글쓰기(creative writing)나, 개념·조작 매뉴얼 등 설명문과 인과적·연역-법칙적 해설문 등의 해설적 글쓰기(expository writing)나, 논문·신문사설 등 논설문의 비판적 글쓰기(critical writing) 유형들을 포함하는 개념이다.

3 위 주1)의 책, p.63.

4 위 주2)의 책, p.2.

5 위 주2)의 책, p.7.

2. 중국어문 교육과정 표준

중국교육부(中国教育部)에서 제정(制定)한『汉语文课程标准』중에 글 읽기(阅读)와 논술(写作)에 관해 정의하는데, 먼저 전자의 내용을 번역하고 서술하면 다음과 같다.

> 글 읽기는 정보를 수집 처리하거나, 세계를 인식하거나, 사유를 발전시키거나 심미적 체험을 획득하는 중요한 경로이다.[6]

'글 읽기'는 학생의 개성적 행위이기에 교사가 분석으로 그 '글 읽기' 실천을 대체하는 것은 마땅하지 않다. 학생이 주동적, 적극적 사유와 감정 활동 중에 이해와 체험을 더해 스스로 느껴 깨닫고 사고하며, 정서적 감화를 받을 뿐 아니라 사상적 계발을 얻어 심미적 즐거움을 향수하도록 한다. 여기서 학생의 독특한 느낌, 체험과 이해를 중시해야 한다.

'글 읽기' 교수·학습 중점은 학생의 느낌, 이해, 감상과 평가능력이다. 이러한 종합적 능력의 배양은 각 학습단계에서 한쪽으로 치우쳐 경도될 수 있으나 기계적인 분리는 지양해야 한다. 그래서 점진적으로 학생의 탐구적, 창조적 '글 읽기' 능력을 배양하는 데 다각도의 창작성을 제창하고 기대, 반추와 비판 등 과도적 전환 요소를 이용하며 사유공간을 확장하여 '글 읽기'를 질적으로 제고할 수 있다. 또한 각 단계별 '글 읽기' 교수·학습은 모두 낭독(朗读)과 묵독(默读)을 중시해야 한다. '글 읽기' 방법에 대한 지도를 강화하여 학생이 점차 자세한 글 읽기(精读), 대략적인 글 읽기(略读)와 한 번 훑어 보기(一览)도 할 수 있게 한다.

무엇보다도 학생의 광범위한 '글 읽기' 흥미를 배양하여 그 범위를 확대하고 수량을 증가하며 글짓기를 권장해야 한다. 따라서 많이 읽고 읽기를 좋아하며 좋은 책을 읽을 뿐 아니라 책 한 권을 모두 읽게 하는데 학생이 주동적으로 '글 읽기' 재료를 선택하도록 격려해야 한다.

'글 읽기' 교수·학습 중에 내용의 이해를 돕기 위해 학생이 문장에 따라 필요한 어법(语法)과 수사(修辞) 지식을 학습하도록 유도할 수 있지만 체계적, 집중적 어법, 수

---

6 「2.关于阅读」条说: "'阅读'是搜集处理信息、认识世界、发展思维、获得审美体验的重要途径。"(中國教育部編(2011),『汉语文课程标准』, 北京: 人民教育出版社, p.155)

1.2 사고력과 이해력 및 분석력의 제고

'글 읽기' 과정에 무엇보다 '사고력과 이해력 및 분석력의 제고(提高思考能力、理解能力以及分析能力)'라는 종합적 효과를 얻을 수 있다.

사고력은 물론 '생각하는 힘'이다. 사고력을 다시 저차원적 사고력과 고차원적 사고력으로 나눌 수 있다. '저차원적 사고력'은 일상적이고 기계적이며 제한적 범위의 정신작용이다. 즉 과거 기억한 정보의 제시, 이미 학습한 공식에 숫자의 삽입, 정의나 규칙 상황에 따른 응용 등을 포함한다. '고차원적 사고력'은 독창적으로 문제를 해결하려는 무제한적 범위의 정신 작용이다. 즉 직면한 새로운 상황의 극복을 위한 '저차원적 사고력' 범위의 단순한 기억과 과거 행동 양식 및 통찰력, 창의력 발휘 등을 포함한다.

'이해력'은 사물, 사람 및 사회적 상황 전반에 걸쳐 주어진 자료에 대해 인지적, 정서적 능력을 활용하여 자신의 것으로 습득하고 정립하는 정신적 작용이다. 인지능력은 듣기, 읽기와 이야기 이해 및 사고력을 포함하는 것이며, 정서적 능력은 사회적 조망수용(Perspective-taking), 공감(Empathy) 능력[10]을 포함하는 것이다. 흔히 "이해력이 좋다"라는 말은 교수·학습한 내용을 머릿속에 짜임새 있게 체계화하는 과정이 남들에 비해 뛰어나다는 의미이다.

'분석력'은 획득한 다양한 지식이론과 정보 등을 분석하고 활용하는 능력이다. '글 읽기'에 요구되는 분석력은 문제를 올바르게 파악하는 것에서부터 시작된다. 즉 주어진 자료의 내용을 세부적으로 쪼개고 쪼개서 최소 단위로 해체할 수 있어야 한다. 최소 단위로 만들어 체계화하지 못한다면 아무리 능력이 뛰어나도 적절한 활용이 쉽지 않다. '글 읽기' 자료 내용의 본래 구조를 해체하고 다시 추론하여 재구성하는 능력이라 할 수 있다.

위에 열거한 3가지 능력은 '글 읽기'를 통해 배양되는 데 후속 '글쓰기'의 근간이다.

10 셀만(Robert L. Selman)이 주장한 '사회적 조망수용 이론'에서 제기한 '조망수용'은 다른 사람의 생각, 의도, 감정, 인지, 관점 등을 추론하여 이해하는 원천이다.(한진원·이은영, 「4세아의 조망수용능력 증진을 위한 실외놀이 프로그램 구안」, 『한국교육문제연구』 제 25권 2호, 2007.12, p.40-42) 그리고 '공감'은 상상력을 발휘해서 다른 사람의 처지에서 보고, 다른 사람의 느낌과 시각을 이해하며 그렇게 이해한 내용을 활용해서 자신의 행동지침으로 삼는 기술이다.
(https://https:/ /namu.wiki/w/%EA%B3%B 5%EA%B0%90)

이러한 능력의 제고에 노력을 게을리 하지 않아야 비로소 짜임새 있는 훌륭한 '글쓰기'라는 목적지를 향해 나아갈 수 있다.

1.3 충분한 간접 경험에 기초한 생활 속 실천의 유도

'글 읽기'를 통해 '충분한 간접 경험에 기초한 생활 속 실천의 유도(基于经验去指导生活实践)'가 바로 '글 읽기'의 진정한 목적이자 장점이라 할 수 있다. 독자가 '글 읽기' 과정에 스스로 주어진 이론지식 정보를 수집, 정리해가며 쉼 없이 곱씹어야 소화하여 수용할 수 있다. 이때 머릿속으로 끊임없이 사유하는 데 '글 읽기'를 통해 장기적으로 사고능력이 배양되는 까닭이다. 사람이 시간과 공간의 제약을 받기에 얻은 경험은 제한적이다. '글 읽기'로 빠르고 고 효율적으로 다른 사람의 경험을 획득할 수 있다. 수많은 시간 동안 사람들은 경험에 기대 생활 가운데 나타난 문제를 처리하였는데, 사실 경험은 앞 사람들이 총괄하거나 자신이 몸소 거친 경력에서 유래하기 마련이다. '글 읽기'를 통해 충분한 경험을 받아들여 이러한 경험으로 생활에 실천해나갈 수 있어야 한다. 그래서 옛사람들은 "만권 책을 읽듯이 열심히 학습 하여 자신의 재능과 식견이 다른 사람을 초월해야 하며", "만 리 길을 가듯이 자신이 학습한 이론과 실제를 연계하여 생활 가운데 구현해야 한다"[11]고 말하였던 것이다.

1.4 인생 진로 방향의 모색

스스로 '글 읽기'를 좋아하는 습관을 기르는데 힘써야 하지만 망각을 결코 두려워할 필요는 없다. 왜냐하면 우리가 읽은 적이 있는 책들이 결국 '인생 진로 방향의 모색(找到人生的前进方向)'을 도울 수 있기 때문이다. 흔히 "책 한 권을 읽고 가치관, 역사관이 바뀌었다"는 말과 "훌륭한 책 한 권이 인생을 바꿀 수 있다"는 말에 함축된 의미처럼 그 영향력은 실로 크다 할 수 있다. 물론 그 전제는 가치 있는 책을 선정해서 읽는 것이다. 가장 선결해야할 목표가 가치 있는 책의 선정이라 할 수 있다. 과연 어

---

11 "'读万卷书, 行万里路', 二者不可偏废。"(钱泳, 『履园丛话』「眼镜铭」: "读万卷书, 行万里路, 有耀自他, 我得其助。"(梁绍壬, 『两般秋雨庵随笔』卷5)

느 책들이 가치 있는지, 어떻게 확정할 수 있을까? 도대체 어떤 책들을 읽어야 할까? 주저할 필요 없이 역대 성현, 위인들이 심혈을 기울여 저술한 경전을 읽거나 시대와 영역을 대표할 수 있는 영향력을 지닌 양서를 읽어야 한다. 이로부터 해당 저자가 처한 시대의 인생역정에 대한 사유, 과학기술에 대한 총괄, 사상과 방법 등 이론지식 정보와 경험을 수용 전환할 뿐 아니라 시간과 공간의 한계를 초월하여 운용의 묘를 살릴 수 있다면 우리는 아름다운 인생진로를 열어갈 수 있을 것이라 확신한다.

2. 글 읽기 방법

중국어 '글 읽기 방법(阅读方法)'을 해당 이론지식 정보 내용의 읽기 방법, 요구 및 효과 등에 따라 크게 3가지로 나눌 수 있다. 즉 방법이 다른 것은 다각도의 '글 읽기'에 속하고, 요구가 다른 것은 창의적 '글 읽기'에 속하며, 효과가 다른 것은 효율적 '글 읽기' 에 속하는데, 구체적으로 살펴보면 다음과 같다.

첫째, 방법이 다름에 따라 **낭독(朗读)**과 **묵독(默读)**, 범독(泛读), **정독(精读)**, **약독(略读)**, **일람(浏览)**, 선독(选读) 등으로 구분한다.[12]

'낭독'은 소래내서 읽는 방법으로 '글 읽기' 장소의 제약이 있다는 것이 단점이다.

'묵독'은 소리 내지 않고 눈으로 읽는 방법으로 '글 읽기' 장소의 제약이 없다는 것이 장점이다.

'범독'은 광범위한 '글 읽기'라는 의미인데 그 폭을 넓혀 광범위하게 각 방면의 지식을 섭렵하여 일반적인 상식을 갖추는 '글 읽기' 방법이다. 해당 이론지식 정보의 폭(广度)을 넓힐 수 있다.

'정독'은 주어진 이론지식 정보를 자세히 읽고 다 각도로 사고하며 반복해서 반추, 연구할 뿐 아니라 분석 평가하여 분명하게 이해한 후 그 정수를 받아들이는 '글 읽

---

12 굵은 글자체의 '글 읽기' 방법 명칭은 중국 교육부에서 엮은 『중국어문 교육과정 표준(汉语文课程标准)』에서 제시한 것이다. 이밖에 흔히 보이는 10종류 '글 읽기' 방법으로 범독(泛读: 폭 넓게 읽기), 정독(精读), 통독(通读), 건너뛰어 읽기(跳读), 속독(速读), 대략적으로 읽기(略读), 거듭 읽기(再度), 쓰며 읽기(写读), 서문범례 먼저 읽기(序列读), 선독(选读) 등을 들 수 있다.

기' 방법이다.[13] 해당 이론지식 정보의 깊이(深度)를 더할 수 있다.

'약독'은 일종의 대강대강 '글 읽기' 방법으로 마음대로 페이지를 넘겨가며 대략적으로 중요한 의미를 살피는 것이다. 주제어를 찾아내고, 주요 관점을 파악하며, 중요한 사실이나 전형적인 사례를 이해할 수 있다. 그 '글 읽기'의 중점은 주제, 서론이나 결론이며, 바로 대략적인 이해가 목적이다.

'일람'은 처음부터 끝까지 한 번 훑어보는 방법으로 '글 읽기' 중점이 주어진 이론지식 정보의 중요한 의미 파악을 위한 고찰이다.

'선독'은 선택적 '글 읽기' 방법으로 인류가 남긴 수많은 이론지식 정보를 모두 읽기에는 시간적 한계가 있어 각자 자신의 필요, 상황에 알맞게 선택하여 '글 읽기'하는 것이다. 이렇게 '글 읽기'를 진행해야 "절반의 노력으로 배의 성과를 낼 수 있다"[14].

둘째, 요구가 다름에 따라 부단한 사고, 의심하는 정신, 용감한 질문, 반복된 연습, 과감한 실천 등으로 구분한다.

'글 읽기' 과정에 주동적으로 사고하고 부단히 사고해야 좋은 효과를 거둘 수 있다. 이론지식 정보의 연계에 주의해서 이해하고 장악해야 한다. 관념, 의의에 착안하여 '글 읽기' 내용의 이론과 실제에 부합하도록 잘 숙지하고 그 맥락을 파악하며 변화, 전용할 수 있어야 "하나를 보면 열을 알 수 있게 된다"[15].

이론지식 정보를 받아들이지만 "왜 그럴까" 의심하는 정신을 견지해야 발전을 기약할 수 있다. "적게 의심하면 적게 진보하고 크게 의심하면 크게 진보한다"[16]는 말처

---

13 朱熹,『读书之要』: "대체로 '글 읽기'는 모름지기 먼저 무르익게 읽어야 그 말이 모두 내 입에서 나온 것 같고, 계속해서 자세히 생각해야 그 말이 내 마음에서 나온 것 같은데 그런 후에 얻음을 깨달을 수 있다(大抵读书, 须先熟读, 使其言皆若出于吾之口; 继以精思, 使其言皆若出于吾之心, 然后可以省得尔)." (朱熹,『晦庵集』(四库全书本), 台北: 商务印书馆, 1986) '정독'에 관해 쭈시(朱熹)는 '무르익게 읽기(熟读)', '자세히 생각하기(精思)'라 말했는데 그 내포된 의미를 정확히 설명한 것이다.

14 "初学读书, 不知要领, 劳而无功。知某书宜读, 而不得精校精注本, **事倍功半**。" (张之洞著·范希曾补正,『书目答问补正』, 台北: 新兴书局有限公司, 1990, p.3)

15 "子曰: '不愤, 不启; 不悱, 不发; **举一隅, 不以三隅反**, 则不复也。'"(『论语·述而』第 8章) "子谓子贡曰: '女与回也孰愈?'对曰: '赐也, 何敢望回?回也**闻一以知十**, 赐也闻一以知二。'"(『论语·公冶长』第11章) "引而伸之, **触类**而长之, 天下之能事毕矣也。"(『周易·系辞上』)"六爻发挥, **旁通**情也。"(『周易·乾』卦)

16 "前辈谓学贵有疑, **小疑则小进, 大疑则大进**。" (陈献章,『陈献章集』, 四库全书本, 台北: 商务印书馆, 1986)

럼 만약 주어진 이론지식 정보에 대해 분석 없이 받아들인다면 곧 어떠한 진보도 없을 것이다. 스스로 의심하도록 격려해야 그 씨앗이 뿌려져 발전의 싹을 자라게 하고 열매 맺어 수확으로 이어질 수 있는 것처럼 말이다.

주어진 이론지식 정보에 대해 약간의 호기심도 없다면 그 이상의 변화와 성장을 기대하기 어렵다. 호기심은 일종의 고귀한 심리작용이다. '글 읽기'는 과정 자체에서 호기심이 일면 이를 알아야 직성이 풀리는 궁금증을 불러일으키는데 그 해소 방법은 질문이다. 호기심이 궁금증을 낳고 궁금증이 질문을 낳는다. 즉 궁금증이 질문과 유리될 수 없는 이유이다. 다만 어떤 때는 질문을 주저하게 되는데 "이런 질문을 하다니 어리석다 느낀다든지", "다른 사람들이 바보라 말할 것이라든지", "선생님께서 귀찮아하실 것이라든지" 모두 다 걱정할 필요가 없다. 그런 이유로 공자께서 "공문자는 자질이 영민하고 배우기를 좋아하여 자신만 못한 사람에게도 묻기를 부끄러워하지 않았다"[17]고 말씀하셨다.

'글 읽기'로 얻은 이론지식 정보의 이해에 만족한다면 큰 잘못을 범한 셈이다. 연습을 거치지 않은 이론지식 정보는 굳건하지 못하기에 반복 연습하여 이해도를 높이고, 활용 면을 넓히며 숙련도를 증가시켜야 한다. 심리학적 연구에 따르면 일정 한도 내의 연습은 유효하게 '글 읽기'를 촉진할 수 있지만 과도한 연습은 그 개선의 효율이 매우 한정적이라는 것이다. 예컨데 어떤 이론지식 정보를 이미 숙련되게 장악하였다면 다시 반복 연습할 필요는 없으며 오히려 더 이상의 연습은 시간의 낭비, 두뇌의 피로를 초래할 뿐이다. 따라서 부단한 연습도 일정 한도의 시간에 한정해야 하고 어느 때 멈춰야 할지 알아야 한다.

이미 이론지식 정보의 숙지를 공고히 하였다면 이제 가야할 길은 이론적 단계를 과감히 탈피하고 능동성을 발휘하여 실제와 부합하도록 과감하게 실천하는 것이다. '글 읽기'의 성과가 단지 머릿속에 존재한다면 도대체 무슨 소용이란 말인가? 머릿속에 머물러있는 이론지식 정보를 끄집어내 적절히 활용할 수 있도록 해야 한다. 이때 고려할 점은 실제 현실 속에 통용되는 이론지식 정보와 서로 상충하거나 모순된 부분을 어떻게 극복해낼 것인가이다. 그 차이를 인정하고 등가치적 입장에서 활용의 묘미를 살린다면 극복이 그다지 어려운 일이 아닐 수도 있다. 게다가 만약 그 극복이

17 "子贡问曰: '孔文子何以谓之文也?' 子曰: '**敏而好学不耻下闻**, 是以谓之文也。' "(『论语·公治长』篇第十五章)

이루어진다면 '글 읽기'는 이상적인 결과를 도출하며 목적을 달성할 것이다.

셋째, 효과가 다름에 따라 비평 각주 필기법(批注笔记法), 부호표기법(符号标记法), 강제 기억 글 읽기법(强记阅读法), 뼈 가루되도록 깨물기법(咬碎骨头法), 탐구 글 읽기법(探究阅读法) 등으로 구분한다.

'비평 각주 필기법'은 '글 읽기'할 때 자신에게 주어진 이론지식 정보 내용의 견해, 질의와 마음에 깨달아 체득한 내용들을 책 여백에 써놓는 것이다. 이 방법의 장점은 고도의 집중력을 발휘하여 '글 읽기'의 효과, 이론지식 정보 중으로부터 더욱 많은 깨달음을 얻어 학문의 수준, 사물을 분석하고 평가하는 능력, 자신의 사상을 표현 전달하는 능력 등을 배양하고 높일 수 있는 것이다.

'부호표기법'은 각종 부호로 주어진 이론지식 정보 중의 중요한 곳에 표시하는 데 활용할 때 찾아 읽거나 다시 '글 읽기'할 때 주의하기에 편리한 일종의 방법이다. 이 방법의 장점은 활용할 때 찾기가 편리하고 중점 내용을 기억하기 유리하며 적은 시간을 들여 중점 내용을 다시 '글 읽기'할 수 있다는 것이다.

'강제 기억 글 읽기법'은 일종의 기억에 편중된 '글 읽기' 방법이다. '글 읽기' 이후 바로 주요 내용을 연상하며 기억할 수 있고 동일한 원문의 중복 '글 읽기' 때 약간씩 진전이 있다. 이 방법의 장점은 신속하게 이론지식 정보를 증가시켜 쌓이게 할 수 있고 '글 읽기' 능력의 배양과 제고에 유리할 수 있다는 것이다.

'뼈 가루되도록 깨물기법'은 주어진 이론지식 정보의 내용을 반복적으로 다듬고 곱씹을 수 있는 데 줄곧 마음속에서 무르익도록 하는 방법이다. 이러한 반복적 '글 읽기'가 교수·학습에 대해 크나큰 촉진작용을 지닌다. 이 방법의 장점은 주어진 이론지식 정보 내용의 소화와 흡수에 유리하고 지식이 능력으로 전환되는 과정을 줄일 수 있다는 것이다.

'탐구 글 읽기법'은 사유의 힘이 문자의 배후까지 깊숙이 이르도록 그 내포된 내용에 대해 심층적 이해를 진행하는 방법이다. 주어진 이론지식 정보 속의 어떠한 원리, 법칙, 공식에 대해 그 이치나 결론을 기억할 뿐 아니라 저자가 어떠한 곡절을 거치며 얼마의 핵심문제를 해결하여 이 결론을 얻어냈는지 생각해내야 한다. 이 방법의 장점은 이론지식 정보 내용에 대해 심층적인 이해를 진행하고 인식을 이성 높이까지 끌어올릴 수 있어 지식을 능력으로 전환하는데 유리하다.

3. 글 읽기 단계

중국어 '글 읽기 단계(阅读层次)'를 기초적 글 읽기(基础阅读), 검사해보는 글 읽기(检视阅读), 분석 글 읽기(分析阅读), 주제 글 읽기(主题阅读) 등 4가지로 구분한다.

첫째, '기초적 글 읽기'는 식자(认字)와 기본적 '글 읽기' 기교에 치중하는 단계이다. 최저 수준, 문맹을 면하기 위한 목적에서 '글 읽기'를 한다. 주어진 이론지식 정보의 저자가 제시한 의미대로 해독하여 결론에 도달할 수 있다.

둘째, '검사해보는 글 읽기'는 비교적 짧은 시간 내에 주어진 이론지식 정보의 대체적인 윤곽을 이해하는 단계이다. 그것을 부단히 축소하여 일정 정도에 도달하면 그 중요성이 구현된다. 주의할 점은 중점이 주어진 이론지식 정보를 이해하는데 있지 않고 그것이 주제에 대해 도움을 지닌 내용이라 할 수 있다.

셋째, '분석 글 읽기'는 더욱 복잡한 양질의 '글 읽기'가 주어진 이론지식 정보를 반복해서 곱씹고 이해하여 그것이 자기 것이 되도록 하는 단계이다. 이미 주어진 이론지식 정보가 무엇을 말하고 있는지 알았다면 어째서 이러한 관점을 말한 것이고, 말한 관점은 정확한 것인지 알 수 있다. 즉 우리가 주어진 이론지식 정보로부터 얻으려는 것이 필요한 것인지이다.

넷째, '주제 글 읽기'는 가장 높은 수준의 '글 읽기'인 데 한 가지 주제 아래 많은 이론지식 정보를 '글 읽기'하여 그것들의 차이를 비교하는 단계이다. 이 단계에서 주어진 많은 이론지식 정보를 '글 읽기'하고 그중으로부터 장단점을 파악해야 편견, 맹종을 피할 수 있다. 그 뿐만 아니라 서로 비교하여 장점을 취하고 단점을 보완할 수도 있다.

위에 언급한 것처럼 그 목적, 방법 및 단계에 따라 진행되는 '글 읽기'가 글쓰기를 위해 어떤 작용을 해낼까? 대체로 4가지로 정리할 수 있다. 먼저 '글 읽기'가 어휘 량을 증가시키고, 언어를 풍부하게 하며, 최소한의 자연과 사회적 상식을 이해할 수 있게 한다. 다음 글쓰기 입문자에게 '글 읽기'를 통해 모방, 연습을 진행할 수 있게 한다. 그다음 '글 읽기' 통해 어휘선택, 문장연습과 어떤 소재를 선택한 이미지 형성, 문장구성, 표현 전달 방법 등의 교수·학습을 할 수 있게 한다. 마지막으로 창작영감, 문장구성 등에 일정한 작용을 일으키게 한다. 그러면 과연 '글 읽기'와 글쓰기는 구체적으로 어떤 관계이며 어떻게 상호작용해야 할까?

Ⅳ. 중국어 글 읽기와 글쓰기의 관계

'중국어 글 읽기와 글짓기의 관계(阅读汉语与其习作的关系)'를 시인 뚜푸(杜甫)는 "많은 책들을 두루 '글 읽기'하고 반복해서 읽으며 철저히 이해한 후 '글쓰기'할 때 마음먹은 것처럼 순조롭게 활용할 수 있다"[18]고 말하였다. 그 관계를 정말 적절하게 설명한 말이라 생각한다.

1. 글 읽기와 글쓰기의 관계

'글 읽기'와 '글쓰기'는 서로 의존하고 영향을 미치는 밀접한 관계이기도, 상대적으로 독립된 관계이기도 하다. 만약 '글 읽기'가 없다면 곧 '글쓰기'도 없다. '글 읽기'는 '글쓰기'의 기초이고 그 소재를 흔히 '글 읽기' 중의 간접적 느낌, 경험에서 찾는다. 그래서 우리는 '글 읽기'와 '글쓰기'의 유기적 결합을 중시하는데 '글 읽기'가 오래토록 '글쓰기'의 토양에 굳건히 뿌리내려야 '글 읽기' 중으로부터 '글쓰기'를 더욱 잘 익히고 강화해 갈 수 있어 그 수준의 부단한 제고에 유리할 수 있다.

'글 읽기'는 이론지식 정보를 축적하는 방법의 하나인데 '글 읽기'를 통해 시야를 넓힐 수 있고 사상을 심도 깊게 할 수 있으며 소재를 풍부하게 할 수 있다. 그래야 '글쓰기'할 때 도처에서 그 원천을 얻고 마음대로 가져다 쓰며, 충분히 객관적으로 자신의 사상과 관점을 표현 전달할 수 있다. '글 읽기'는 개인의 감정과 가치관에 영향을 미칠 수 있는데 그 사상과 관점은 일단 형성되면 필연코 다음 '글쓰기' 활동에 영향을 미칠 것이다. 마찬가지로 '글쓰기'도 '글 읽기' 이론지식 정보의 선택, 경향 및 방식에 일정한 영향을 미칠 것이다. 이로부터 '글 읽기'와 '글쓰기' 사이에 불가분의 밀접한 관계가 있다는 점을 알 수 있다. 따라서 폭 넓게 '글 읽기'해야 언어 표현력이 풍부

18 奉赠韦左丞丈二十二韵」: "读书破万卷, 下笔如有神。"(杜甫著·仇兆鳌注, 『杜诗详注』, 台北: 里仁书局, 1980)

해지고 언어의 표현 전달 능력과 수용능력도 제고되어 읽기로부터 쓰기까지, 쓰기로부터 읽기까지 서로 의지하고 상생하며 서로의 장점을 더욱 잘 나타내게 된다. '글 읽기'는 내재적 인식체계이고 '글쓰기'는 외재적 표현체계이며, '글 읽기'는 축적이고 '글쓰기'는 활용이며, '글 읽기'는 의미 확대이고 '글쓰기'는 능력 향상이다. '글 읽기'와 '글쓰기'는 영원히 상호보완, 촉진하며 마치 그림자가 형상을 쫓는 것 같은 것이다.

'글쓰기' 경험을 바탕으로 '글 읽기'와 '글쓰기'의 관계에 대해 언급하면, 다음 몇 가지로 요약할 수 있다.

첫째, '글 읽기'는 '글쓰기'의 기초이다. 그 까닭에 많이 읽을수록 정보가 갈수록 충분해지고 언어가 갈수록 풍부해져 '글쓰기' 향상에 대해 크나큰 도움이 될 수 있다.

둘째, '글 읽기'가 '글쓰기'에 대해 귀감작용을 일으킬 수 있다. '글 읽기'가 의식적으로 다른 사람의 '글쓰기' 방법, 문장구조, 단락구성 및 줄거리의 맥락 등을 귀감 삼을 수 있게 한다.

셋째, '글 읽기'는 이론 지식 정보의 교수·학습과 그 축적의 과정이다. '글 읽기'를 통해 이론지식 정보의 증가와 축적 지식면의 확대를 꾀할 수 있어 '글쓰기'를 실질적으로 도울 수 있다.

넷째, '글 읽기'가 계발시킬 수도, 지혜를 늘릴 수도 있다. '글 읽기'가 흔히 사유의 계발, 연상의 작용, 사고의 활성화 등을 일으켜 창작 영감을 불러오며 창작 열정을 유발한다. 창작 영감은 '글 읽기' 중에 순간적으로 떠오르는 것인데 창작에 크나큰 도움이 되는 것이다.

다섯째, '글 읽기'는 '글쓰기'의 소질을 향상하는 과정이다. '글 읽기'가 '글쓰기' 소질을 향상시키고 소양이 높아지게 한다. 이는 이론지식의 수준, 인식의 정도, 사상의 깊이를 포함하는 것인 데 '글쓰기'의 품질을 향상시킬 수 있다.

여섯째, '글 읽기'를 통해 이론지식 정보 자료와 소재를 얻을 수 있다. '글 읽기'의 도움을 빌어 이론지식 정보 '글쓰기' 재료를 장악해야 한다. 하나는 이론지식 정보 자료인 데 '글 읽기'를 통해 창작 과정에 필요한 자료를 검색하고 기술된 역사배경, 사건 및 기타 등을 이해해야 한다. 다른 하나는 '글쓰기' 소재인 데, '글 읽기'를 통해 그 창작 소재를 얻어야 한다.

그러면 도대체 어떻게 '글 읽기'와 '글쓰기'를 적절히 연계하여 흥미롭게 진행해낼 수 있을까?

첫째, '글 읽기'와 '글쓰기'에 대한 관심의 촉발, 동기의 부여, 흥미의 유발 등으로 즐겁게 지식이론 정보를 읽고, 그런 후 항상 기쁘게 쓸 수 있게 해야 할 것이다.

둘째, '글 읽기' 중에 축적된 이론지식 정보를 '글쓰기' 연습 중에 활용하도록 해야 할 것이다. 폭 넓은 '글 읽기'를 통해 사유가 활발하고 감정이 풍부하며 자신도 모르는 사이 감화되도록 하여 '글쓰기' 방법을 장악할 뿐 아니라 대량의 어휘, 언어를 축적하게 할 수 있다.

결론적으로 '읽기'와 '쓰기'를 결합하고 '읽기' 중에 상상하며 '읽기' 후에 반드시 '쓰기'해야 한다. '글 읽기'와 '글쓰기'는 각각 자체로 목적, 임무가 있지만 그 실천 중에 긴밀히 연계 결합하거나 서로 활용되는 것이다.

2. 글 읽기 능력과 글쓰기 능력의 관계

'글 읽기 능력과 글쓰기 능력'의 관계를 분명히 설명하면 글 읽기 중요성의 인식을 제고하고 글 읽기 동력의 자각을 강화할 수 있다. 이 두 종류 다른 능력은 각기 다른 역할을 지녀 서로 대체할 수 없는 것이다. 그러나 그들 사이에 대단히 중요한 관련이 있는데 '글 읽기 능력'이 향상되면 그 수량의 증가, 수준의 제고가 이루어져 직접적으로 '글쓰기 능력'의 향상을 촉진할 수 있다. '글 읽기 능력'이 '글쓰기 능력'을 위해 대체로 3가지 역할을 해낸다.

첫째, '글 읽기 능력'은 글쓰기를 위해 풍부한 자료를 축적한다. 수많은 고금의 이론지식 정보를 글 읽기하여 이어질 글쓰기를 위해 초보적으로 충분한 재료를 축적하는 것이다.

둘째, '글 읽기 능력'은 글쓰기를 위해 더욱 훌륭한 방법을 제공한다. 단지 풍부한 글쓰기 재료의 축적만으로는 여전히 부족한데 반드시 적합한 방법이 있어야 적절한 글쓰기를 할 수 있다. 글쓰기 방법의 습득은 한편으로 글 읽기로부터 본받을 수 있고, 다른 한편으로 직접 글쓰기 이론을 교수·학습하여 습득할 수 있다.

셋째, '글 읽기 능력'은 글쓰기를 위해 사상적 기초를 다질 수 있다. 풍부한 재료가 있어도, 방법을 장악하였어도 자기 사상을 결여한다면 결코 글쓰기의 성공으로 이어지지 못한다. 그래서 훌륭한 글쓰기를 하려면 반드시 자신의 인식을 제고하고 사상을 깊이 파고들며 품성을 도야하여야 한다.

결국 풍부한 재료, 방법의 장악, 사상의 의지를 통한 글 읽기로부터 이전에 이해가 부족했던 것들이 마음속에 분명해지고 확실한 인생관, 가치관, 세계관이 형성되어야 이로부터 정확하게 스스로 글쓰기 할 수 있게 된다.

V. 중국어 글쓰기

글쓰기는 언어문자 부호체계를 활용하여 기술하는 방식으로 사물을 반영하고 감정사상을 표현전달하며 이론지식 정보를 전달하여 교류하거나 의사소통하는 창조적 과정이다.

'중국어 어문 교육과정' 의의 상의 글쓰기는 교사의 지도 아래 학생들이 특정한 요구에 따라 서면어로 창작하고 그 변화에 고무되어 자신의 글쓰기 능력을 발전, 향상시키는 교수·학습 활동이다.

1. 글쓰기의 정의

'글쓰기'는 언어문자를 매개로한 창작방법의 하나인데 인류 각 영역분야에 결여할 수 없는 정보기록과 전파방식이다. 즉 인류가 사상을 응축하고 감정을 표현 전달하며 이론지식을 가공, 전달하는 기본적인 수단으로 삼아왔다. '글쓰기'는 인류 정신생활과 실천 활동의 중요한 구성부분이며 동시에 작품 창작의 중요한 방법이다. 이 기본적인 정의 이외에도 창작적, 본질적, 표면적, 심층적 의의 등 4가지로 정의할 수 있다.

첫째, 창작적 의의 상의 '글쓰기'는 그 자체 기능을 실현하기 위해 정신작용, 창작수법과 서면 언어부호를 활용하여 내용의 표현 전달에 대해 언어 환경적 전개를 진행하는 수사적 행위, 활동이다.

둘째, 본질적 의의 상의 '글쓰기'는 인류가 서면 언어문자를 활용하여 생명, 존재, 인성, 자유 등 질서를 창조하는 건축적 행위, 활동이다.

셋째, 표면적 의의 상의 '글쓰기'는 감정표현, 의미전달 행위이다.

넷째, 심층적 의의 상의 '글쓰기'는 생명존재의 형식, 방법이다.

특히 표면적, 심층적 의의 상 '글쓰기'는 바로 생명질서에 대한 창조행위이다. 따라서 그 행위는 일종의 철학적, 생명적 성격을 갖추기도 한 것이다.

2. 글쓰기의 특징, 작용과 의의

'글쓰기'는 복잡한 창조적 성격의 머릿속 생각을 언어문자화 하는 행위, 활동 과정이다. 현대 정보체계의 시각에서 보면 '글쓰기'는 일종의 정보를 입력, 가공, 출력하는 전체 체계이다. 그 완전한 체계의 활동과정을 크게 '수집—구상—표현전달' 등 3단계로 구분할 수 있다. 보다 구체적으로 '수집—이미지 형성—내용구성—어휘 활용—수정보완' 등 5단계로 구분할 수도 있다. 각 단계 마다 모두 자체적 특징, 규칙과 요구를 포함한다.

2.1 글쓰기의 특징

'글쓰기' 는 약간의 분명한 특징을 지니는데 구체적으로 열거하면 다음 몇 가지이다.

첫째, 목적성이다. '글쓰기' 활동 전 마음속으로 무엇을 실현할 것인지, 무엇에 도달할 것인지에 대한 목적을 설정하는 것이다.

둘째, 창조성이다. 새로운 시각, 방식으로 사고하여 완전히 다르고 창조성 결론을 얻어낼 수 있도록 '글쓰기'하는 것이다.

셋째, 종합성이다. 각 영역분야와 각종 요소를 연계한 가운데 공통성과 규칙성을 고찰해낼 수 있도록 '글쓰기'하는 것이다.

넷째, 실천성이다. '글쓰기'는 그 실천 중에 사유능력의 진일보한 발전을 촉진할 수도, 사유 성과의 정확성을 검증할 수도 있는 것이다.

2.2 글쓰기의 작용과 의의

'글쓰기'는 문화적 소양에 따라 그 수준이 결정되는 것이다. 그 주요 작용과 의의는 다음 몇 가지이다.

첫째, 감정을 표현 전달하고 사상을 교류하며 이론지식 정보를 전달할 수 있다.

둘째, 반드시 비교적 수준 높은 글쓰기 능력을 갖추어야 자유자재로 일상생활 중의 여러 문제에 대응할 수 있다.

셋째, '글쓰기'를 통해 문화적 소양과 수준을 제고할 수 있다.

2.3 글쓰기 수준의 향상법

글쓰기 능력과 수준을 향상하려면, 대체로 시야의 확대, 폭 넓은 글 읽기, 많은 '글쓰기' 연습과 수정보완의 중시 등 4방면에 각별히 유념해야 한다. 구체적으로 열거하면, 다음과 같다.

첫째, 시야의 확대이다. 이는 다양한 관찰과 풍부한 생활경험으로부터 얻을 수 있는 결과이다. 다양한 관찰, 즉 될 수 있는 대로 많은 사회활동에 참여하여 생활 중에 주변의 각종 사람, 사물과 경관을 관찰하고 그 면모와 특징을 머릿속에 기억하는 것이다. 풍부한 생활경험, 즉 주변의 사람과 사물에 유의하고 많이 듣고 보는데 주의하는 것이다. '글쓰기'는 현실 생활의 반영이기에 그에 대한 다양한 관찰로부터 풍부한 관련 재료를 얻을 수 있고, 풍부한 경험으로부터 비교적 인상 깊은 사상적 의의를 찾을 수 있다.

둘째, 폭 넓은 글 읽기이다. 그 중요성은 체험 생활의 부족한 경험을 채울 수 있기에 간접적으로 많은 생활 경험과 재료를 얻을 수 있고 다방면으로 다른 사람의 창작방법과 기교를 배울 수 있는 것이다. 하지만 폭 넓은 글 읽기도 정확한 방법에 따라 이루어져야 한다. 실행이 효과적인 방법은 대략적 글 읽기(略读)와 자세한 글 읽기(精读)이다. 대략적인 글 읽기로 주제어, 주요관점, 중요한 사실, 전형적 사례를 파악할 수 있고, 자세한 글 읽기로 주제 표현, 구조 안배, 언어 활용, 사상의의, 창작방법과 기교를 본받을 수 있다.

셋째, 많은 '글쓰기' 연습이다. 많은 '글쓰기' 연습은 보다 빨리 '글쓰기' 이론지식 교수·학습으로부터 '글쓰기' 능력 이론지식에 도달할 수 있고 그 수준을 향상할 수 있는 가장 핵심적인 전환과정이다. "10편의 문장을 읽는 것이 1편의 '글쓰기'만 못하다"는 말처럼 자주 '글쓰기'하면 그 방법, 이치가 바로 숙련되는 까닭에 가령 제목이 어렵더라도 창작의지가 꺾이지 않는다. 그래서 우리는 늘 진지하게 '글쓰기' 연습을 진행해야 점차 그 구상, 계획 및 맥락을 모색해낼 수 있다.

넷째, 수정보완의 중시이다. 많은 '글쓰기' 연습이 핵심적인 전환과정이지만 매번 연습한 후에 진지하게 수정, 보완해야하는데 그 수준의 향상에 대해 중요한 작용을 지닌 것이다. '글쓰기'는 하나의 상당히 복잡한 과정이기에 겨우 한 차례의 사고로 소홀함과 오류를 피하기 어렵다. 수정보완이 한 차례의 사고 부족을 메울 수 있게 한다. 단지 반복적인 사고, 부단한 수정보완으로 '글쓰기'가 점차 완전해지며 그 수준이 수정보완 과정에 끊임없이 향상될 수 있다.

Ⅵ. 중국어 논술문체 및 그 수법

'중국어 논술문체 및 그 수법(汉语写作文体及其手法)'이라는 소제목은 2가지 의미가 결합된 형태이다. 먼저 '중국어 논술(汉语写作)' 중의 '논술문체(写作文体)'에서 '문체(文体)' 즉 문장체재(文章体裁)는 문장의 문체형식(文体形式)을 가리키는 데 문학체재(文学体裁)와 서로 구별되는 용어이다. '중국어 논술문체(写作文体)'는 서술문(记叙文), 설명문(说明文), 의론문(议论文), 응용문(应用文)을 포함하는 개념이다. '중국어 논술수법(汉语写作手法)' 중의 '논술수법(写作手法)'은 표현전달 방식(表达方式), 논술방법(写作方法), 수사기법(修辞技法) 등을 포함하는 개념이다.

1. 중국어 논술문체

'문장체재'는 '문학체재'와 서로 구별되는 개념인데 '논술문체'를 가리킨다. 사실 아직 '논술문체'에 대한 통일된 구분이 없다. 현재 상대적으로 많은 학자들이 기서문(记叙文), 설명문(说明文), 의론문(议论文), 응용문(应用文) 등 4종류로 구분한다. '논술문체'에 대해 간략하게 열거하면 다음과 같다.

1.1 기서문

'기서문(记叙文)'은 '서술문'이라고도 부르는데 영어 'Narrative writing', 우리말 '수필'에 해당하는 중국어 논술문체이다. 인물기록, 사건서술, 배경묘사, 물체묘사 등을 위주로, 인물의 경력과 사물의 발전변화를 주요내용으로 하는 일종의 문체 형식이다. '기서문'의 요소는 사건발생 시간, 사건발생 장소, 사건관련 인물, 사건발생 원인, 사건의 경과와 맥락, 사건의 결과와 결말인 데 간단히 말해 시간, 장소, 인물, 원인, 경과, 결과 등 6가지를 서술하도록 요구한다.[19]

---

19 『Wikipedia Dictionary』의 정의 "A narrative, story or tale is any account of a series of related events or

'기서문'을 크게 내용 표현전달 방식, 논술대상 차이 등에 따라 분류할 수 있는데 다음 〈표-2〉와 같다.

〈표-2〉 '기서문' 분류표

구분내용	해당 문체의 종류	비고
내용 표현전달 방식	① 간단한 '기서문'(简单记叙文)	요구: 시간, 장소, 인물, 원인, 경과, 결과 등 6가지 서술
	② 복잡한 '기서문'(复杂记叙文)	
논술대상 차이	① 인물묘사 위주의 '기서문'(以写人为主记叙文)	
	② 사물서술 위주의 '기서문'(以叙事为主记叙文)	
	③ 배경묘사 위주의 '기서문'(以写景为主记叙文)	
	④ 문체묘사 위주의 '기서눈'(以状物为主记叙文)	

1.2 설명문

'설명문'은 영어 'Expository writing'에 해당하는 중국어 논술문체이다. 설명을 그 주요 표현전달 방식으로 한 실용성이 강한 일종의 문체 형식이라 할 수 있다. 개념을 명시해서 사물의 특징, 물질 및 그 규칙성을 설명하거나 추상적인 사리를 해석한다. 사물 형태, 구조, 성질, 종류, 기능, 관계 및 생성원인이나 사리 개념, 특징, 유래, 차이 및 발전변화 등에 대해 과학적 인식을 지닐 수 있게 하는 데 그 중심이 선명하게 부각되고 과학성, 논리성을 지니며 언어가 확실하기도 적절하기도 하여 생동감 있다.

'설명문'을 크게 내용 설명대상(내용), 언어 표현전달 방식 등에 따라 분류할 수 있는데 다음 〈표-3〉과 같다.

---

experiences, whether nonfictional (memoir, biography, news report, documentary, travelogue, etc.) or fictional (fairy tale, fable, legend, thriller, novel, etc.). Narrative -s can be presented through a sequence of written or spoken words, still or moving images, or any combination of these. "(https://en.wikipedia.org/wiki/Narrative)

〈표-3〉 '설명문' 분류표

구분내용	해당 문체의 종류	비고
내용 설명대상	① 사물실체 '설명문'(实体事物说明文)	특징: 내용상 고도의 과학성 구조상 분명한 논리성 언어상 엄밀한 정확성
	② 사물이치 '설명문'(事理说明文)	
	③ 과학 소품문(科学小品文)	
언어 표현전달 방식	① 소박한 '설명문'(平实说明文)	
	② 예술성 '설명문'(艺术性说明文)	

1.3 의론문

'의론문(议论文)'은 '논설문'이라고도 부르는 데 영어 'Argumentative writing'에 해당하는 중국어 논술문체이다. '설리문(说理文: 이치를 설명하는 문체)'이라고도 부르는데 사물의 해부분석, 사리의 논술, 의견의 발표를 통해 주장을 제기하는 일종의 문체 형식이다. 사실 열거, 이치 추구, 시비 변별, 사례 들기 등 방법을 통해 그 관점이 정확하거나 잘못된 것을 확정하며 어떤 종류의 주장을 수립하거나 부정하는데 명확한 관점, 충분한 논거, 정교한 언어, 합리적 논증 및 엄밀한 논리성을 지니고 있다.

'의론문'을 크게 내용목적, 논증방식 등에 따라 분류할 수 있는데 다음 〈표-4〉와 같다.

〈표-4〉 '의론문' 분류표

구분내용	해당 문체의 종류	비고
내용목적	① 일반성 정론문(一般性政论文)	방법: 사실 열거, 이치 추구, 시비 변별, 사례 들기
	② 평론(评论)	
	③ 잡문(杂文: 수필随笔, 잡담杂谈, 필기笔记)	
	④ 독후감(读后感)	
논증방식	① 입론문(平实说明文)	
	② 반박문(艺术性说明文)	

合), 허실결합(虚实结合), 탁물기흥(托物起兴), 정경교융(情景交融), 차경서정(借景抒情), 직서흉억(直抒胸臆), 욕양선억(欲扬先抑), 과장풍자(夸张讽刺), 차고풍금(借古讽今), 전후조응(前后照应), 츤탁(衬托: 홍탁烘托), 연상(联想), 상상(想象), 조응(照应), 선염(渲染)을 포함하는 데 간단하게 정리하면 다음과 〈표-7〉과 같다.

〈표-7〉 표현수법

구분	표현수법	비고
동정결합(动静结合)	일종의 의경 속에 동태와 정태를 묘사하고 이미지가 의경 중에 조화, 통일을 얻는 경물묘사 수법.	형상을 빚어내고 생활을 반영할 구체적 방법기교
허실결합(虚实结合)	추상적 서술과 구체적 묘사를 결합하거나 눈 앞 현실생활의 묘사, 추억, 상상을 결합하는 수법.	
탁물기흥(托物起兴)	상징이나 흥미를 불러일으키는 방식을 통해 색관적인 사물의 어떤 한 방면의 특징을 묘사하여 감정을 표현전달하고 취지를 드러내는 수법.	
정경교융(情景交融)	경물묘사 중에 작자의 주관적 감정을 융합하여 물아일체에 도달하면 어떤 것이 경물, 어떤 것이 감정인지 구분하지 못하는 의경 수법.	
차경서정(借景抒情)	경물을 빌려 감정을 표현하는 서정적 수법.	
직서흉억(直抒胸臆)	솔직하게 자신의 사상, 감정을 토로하는 수법.	
욕양선억(欲扬先抑)	어떤 사물을 풀어 놓으려면 풀어 놓은 곳에서 쓰기 시작하지 않고 먼저 억눌러 반대 제어당하는 곳에 쓰기 시작하는 수법.	
과장풍자(夸张讽刺)	대상의 결점이나 우스운 곳을 드러내는데 사용하며 흔히 과장과 반대 풍자(irony) 등 방식으로 유머 효과를 만들어내는 수법.	
차고풍금(借古讽今)	옛날 혹은 지난 사람, 사물, 사건을 빌려 현재 사건이나 사람, 사물, 사건을 풍자하는 수법.	
전후조응(前后照应)	제목과 내용, 줄거리 사이, 도입과 결말 등이 서로 호응하는 형태의 수법.	
츤탁(홍탁)(衬托: 烘托)	사물에 의탁해서 뜻을 말하거나 사람에 비유하는 수법.	
연상(联想)	어떤 사람이나 어떤 종류의 사물로부터 기타 관련된 사람이나 사물을 연상하는 것인 데 어떤 하나의 개념으로 기타 관련된 개념을 이끌어 내는 수법.	
상상(想象)	두뇌 속에 이미 저장된 표상에 대해 가공, 변화를 진행하여 새로운 형상을 형성해내는 심리 수법.	
선염(渲染)	마치 수묵을 사용하거나 엷은 색체로 화면을 칠해 예술 효과를 강화하는 그림의 기법처럼 인물성격을 형상화하고 심미 효과를 강화하는 수법.	

2.3 수사기법

'수사기법'은 '수사방법'이라고도 부르며 논술과정 중에 사용한 언어에 대해 수식, 가공, 윤문을 진행하여 언어 표현전달 효과를 향상시키는 방법이다. 비유(比喻), 대비(对比), 배열성 대비(排比), 설문(设问), 반복(反复), 유사성 중첩(类叠), 회문(回文), 점층(层递), 과장(夸张), 빌려 대칭(借代), 의인화(拟人), 풍자(讽刺), 상징(象征) 등을 포함하는데 간단하게 정리하면 다음 〈표-8〉과 같다.

〈표-8〉 수사기법

구분	수사기법	비고
비유(比喻)	갑 사물과 비슷한 점을 지닌 을 사물을 써서 갑 사물을 묘사하거나 설명하는 수법.	언어를 수식, 가공, 윤문하여 표현전달 효과를 향상시키는 방법
대비(对比)	대립되는 의미, 사물, 사물의 두 측면을 같이 놓고 비교하여 그 중에 좋고 나쁨을 분명히 구분하거나 옳고 그름을 변별하게 하는 수법.	
배열성 대비(排比)	3개, 3개 이상의 구조가 같거나 비슷한 낱말 조합, 분구, 문장을 연용 배열해서 어세나 의미를 심화하는 수법.	
설문(设问)	의심 없는 물음, 자문자답, 독자의 주의와 사고를 이끄는 수법.	
반복(反复)	단지 2번 반복할 수도, 여러 차례 반복할 수도 있는 데 반드시 3개나 3개 이상의 같거나 가까운 문장형식을 구성하는 수법.	
유사성 중첩(类叠)	어떤 종류의 특수한 표현전달 효과의 필요를 위해 고의로 같은 1글자 어휘를 연이어 2, 3번 같이 누적 사용하는 수법.	
회문(回文)	바른 차례 순, 반대 역순 형식으로도 구성될 수 있는 일종의 특수 어구 수법.	
점층(层递)	표현전달하려는 의미를 대소, 다소, 고저, 경중, 원근 등 다른 정도에 따라 점층적으로 배열하는 수법.	
과장(夸张)	어떤 종류 표현전달 효과에 도달할 필요를 위해 사물의 형상, 특징, 작용, 정도 등 방면에 대한 의미에 착안하여 과대나 축소하는 수법.	
빌려 대칭(借代)	직접적이지 않게 말하려는 사물명칭을 말해내서 그것과 관련된 다른 한 종류 사물의 명칭으로 부르는 수법.	
의인화(拟人)	사물을 인격화하여 원래 갖지 않은 사람 동작이나 감정적 사물이 사람같이 동작과 감정을 갖게 하는 수법.	
풍자(讽刺)	비유, 과장 등 수법을 사용해서 적대되는 뒤떨어진 사람이나 사물에 대해 들춰내거나, 비평하거나 비웃는 수법.	
상징(象征)	사물 간의 어떤 종류의 연계에 근거하여 어떤 사람, 사물의 구체적 형상의 도움을 빌어 어떤 추상적인 개념, 사상과 정감을 표현하는 수법.	

Ⅶ. 중국어 논술구조 및 문장법

중국어 논술에 앞서 그 구조방식 및 문장법에 대해 이해하고 적절히 숙지하며 본격적인 '글쓰기'에 들어갈 수 있도록 준비해야 한다. '어떤 구조방식을 통해 안배할지', '어떻게 사고의 맥락을 전개할지' 모두 논술 효과의 배가에 기여하는 중요한 요소들이라 할 수 있다.

1. 중국어 논술구조

논술 문장은 모두 **중심의미, 재료, 구조 3가지 요소**로 이루어진 것이다. '중심의미'는 문장의 영혼이기에 명확하고 오류가 없어야 한다. '재료'는 문장의 피와 살이기에 풍부해야 집중적으로 중심을 반영할 수 있다. '구조'는 문장의 골격이기에 어떤 단락과 편장 배치의 수단이 되기도, 재료를 활용하여 중심사상을 반영하는 방법이 되기도 한다. 흔히 보이는 '중국어 구조방식(汉语结构方式)'으로 총분식(总分式), 병렬식(并列式), 분술식(分述式), 대조식(对照式), 점층식(递进式), 종횡식(纵横式) 등 6종류가 있는데 간단하게 정리하면 다음 〈표-9〉와 같다.

〈표-9〉 중국어 구조방식

구분	중국어 구조방식	비고
총분식(总分式)	문장 단계 사이가 총괄과 분별의 관계를 지닌 방식이다. ① 선총후분(先总后分): 먼저 서술하려는 전체면모, 기본특징과 중심논점을 총괄하고 이어 분별하여 약간 방면으로부터 사례를 들어 구체적이고 상세하게 묘사하거나 다른 각도에서 부분논점을 제기하여 서술하는 방식. ② 선분후총(先分后总): 먼저 분별해서 약간의 부분논점을 사례를 들어 제기하고 이어 부분논점을 귀납한 중심논점으로부터 총괄하여 서술하는 방식.	

	③ 총분총(总分总): 먼저 중심논점을 제기하고, 중간에 중심논점으로부터 분별하여 약간의 부분논점을 전개하며, 말미에 부분논점을 귀납한 중심논점을 총괄하여 서술하는 방식.	
병렬식(并列式)	약간 방면으로부터 논술하고 중심, 부분을 구분하지 않고 평행적으로 사건을 서술하거나 사물을 설명하거나 몇 개의 병렬단계로 중심논점을 논증하는 방식. 병렬된 몇 개의 부분이 반드시 평행적이어야 하고 서로 교차, 종속을 방지해야 함.	독립된 병렬 내용과 중심논점의 긴밀한 관련
분술식(分述式)	'의론문(논술문)'에 흔히 보이는 형식인 데 먼저 중심논점을 제기하고 그런 후 부분논점으로 각기 다른 각도에서 중심논점을 논증하는 방식.	논리가 뚜렷하고 요점이 분명
대조식(对照式)	구조는 정과 반, 음과 양, 실과 허 형식이며 내용은 진실과 거짓, 좋음과 나쁨, 아름다움과 추함, 선과 악 및 기타 대립되는 양측으로 대비해서 서술 전개, 감정 표출, 사람 기술, 사건 서술하는 방식.	내용을 대비하거나 대립 내용을 부각
점층식(递进式)	논점을 천명 서술할 때 각 단계, 단락 간의 관계가 층층이 맞물리며 점차 깊어지게 서술하는 방식. 앞부분이 뒷부분 논술의 기초이며 마지막에 결론을 도출해냄.	'총분식' 전개
종횡식(纵横式)	논술 단계가 종과 횡을 서로 결합하여 전개하고 어느 단락의 논술 중의 작용은 바로 지칭이며 해당 단락은 전체 논술 중에 위를 이어받거나, 아래로 전하거나, 위를 계승하고 아래로 전하거나, 보충과 완벽한 작용 등을 일으키는 방식.	중심사상 구현을 위한 밝힘, 부각, 선명 등의 작용

2. 중국어 문장법

'중국어 문장법(汉语章法)'에 관해 리우시예(刘勰)『文心雕龙·章句』편에 "무릇 사람이 모범될 만한 말을 하려면 글자 조합으로 구문을 짓는데 다시 구문을 누적하여 단락을 구성하고, 단락을 누적하여 한 편의 문장을 완성한다. 한 편의 문장이 문채가 빛나는 까닭은 각 단락이 모두 하자가 없기 때문이다. 각 단락이 명백하고 섬세하기에 한 마디마다 결점이 없으며, 각 단락이 모두 맑고 유창하기에 글자마다 활용이 적절하다. 글자의 활용이 흔들리면 구문, 단락, 편장이 따라 흔들리기 마련이다. 이 원칙을 알면 모든 창작 문제가 완결된다"[20]고 하였다. 다시 말해 '문장법'은 글자로부터

20 "夫人之立言, 因字而生句, 积句而为章, 积章而成篇。篇之彪炳, 章无疵也; 章之明靡, 句无玷也; 句之清英, 字不妄也; 振本而末从, 知一而万毕矣。"(刘勰著·王更生注译, 『文心雕龙读本·下篇』, 台

구문을 이루고 구문으로부터 단락을 이루며 단락으로부터 편장을 구성하는 형태인데 바로 전체 문장을 배치하는 방법이다.[21] '문장법'이 구현된 언어능력을 '문장능력'이라 하며 사유체계, 사고 맥락 등과 매우 밀접하게 관련되어 있다. 때문에 한 편의 문장은 마치 소식이 말했던 '흉유성죽(胸有成竹)' 즉 대나무를 그리기 전에 이미 마음 속에 그 형상이 형성되어 있어야 하는 것처럼 두뇌 속의 사유체계, 사고맥락이라는 추상적 정신심리 작용에 논리를 적용하고 '글쓰기' 전개라는 과정을 통해 구체적 작품으로 창작해낸 것이다.

일반적으로 중국어 문장은 편(篇)이나 장(章)으로 형성되기에 편장(篇章)이라 일컫기도 한다. 편장은 사장(辞章)의 중요한 연결고리이다. 이러한 사장은 '편'과 '장'으로 구분되는 것이다. 사장은 '자(字)', '구(句)', '장(章)', '편(篇)' 등과 긴밀하게 결합되기에 이들을 떠나 존재할 수 없다. 자로부터 구가 형성되고, 구으로부터 장이 형성되며 장으로부터 편이 형성되어 바로 한 편의 사장(문장)이 구성될 수 있다.

보다 구체적으로 말해 사장은 '형상사유(形象思维)', '논리사유(逻辑思维)'와 '종합사유(综合思维)' 위주의 편장을 결합하여 형성되는데 '문장법'은 이들 사유로부터 조직된 형태(型态)이다. 읽는 사람들의 이해를 돕기 위해 간략히 정리하면, 다음 〈표-10〉과 같다.

北: 文史哲出版社, 1991, p.119)

21 章微颖『中学国文教学法』: "문장법은 곧 문장을 구성하는 형태이며 구문이 단락을 형성하고 단락이 편장을 형성하는 데 어떻게 조직해낼지의 방식이다(章法就是文章构成的型态, 也就是句成段、段成篇, 如何组织起来的方式)."(仇小屏, 『文章章法论』, 台北: 万卷楼图书有限公司, 1998, p.11 재인용)陈满铭『国文教学论丛』: "(이른바 문장법은 문장 구성의 형태를 가리키는 것이며 장차 구문을 결합해서 절단을 이루고 절단으로부터 결합해서 전체 편장을 구성하는 일종의 방식이기도 한 것이다(所谓的章法, 是指文章构成的型态, 也就是将句子组合成节段, 由节段组合成整篇的一种方式)."(앞의 책, p.11 재인용)"문장법은 구문을 점철해서 절단을 형성하고 절단을 결합해서 편장을 형성하는 형태이며 편장을 계획해서 배치하는 일종의 방식이기도 하다(章法是缀句成节段, 组节段成篇的型态, 也就是谋篇布局的一种方式)."(앞의 책, p.11 재인용)

〈표-10〉 중국어 문장법[22]

<table>
<tr><th>구분</th><th>중국어문장법</th><th>비고</th></tr>
<tr><td>형상사유
(形象思维)</td><td>형상사유' 위주의 편장에서 이미지(意象)가 가장 핵심적 지위에 있다. 즉, '이미지'는 곧 '의미(意)'와 '형상(象)' 이 결합된 것이다. 이와 사장(문장) 내용은 융합된 한 몸체인 데 그 주요 성분으로 감정(情), 이치(理)와 사건(事), 경물(物)을 포함한다. 그중 감정과 이치가 의미이고 핵심성분에 속하며, 시간과 경물이 형상이고 주위성분에 속한다..
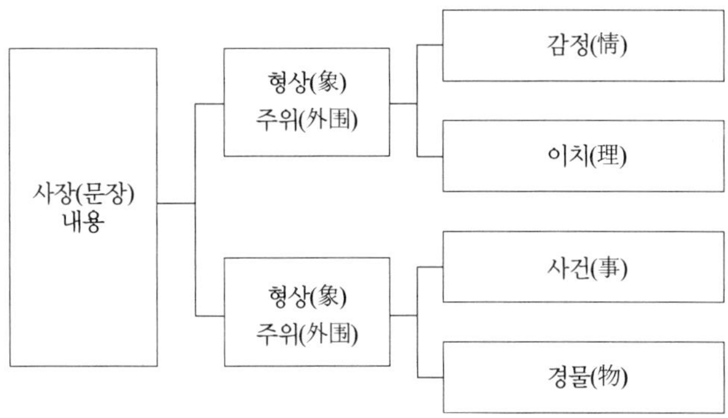
</td><td></td></tr>
<tr><td>논리사유
(逻辑思维)</td><td>'논리사유' 위주의 편장에서 그 핵심은 '문장법'이다. '문장법'은 대략 40종인 데 사람의 공통적 원리원칙에서 나온 것이며 '논리사유'로부터 형성된 것이다. 모두 분석에 무게가 실린 질서(秩序), 변화(变化), 연관(联关)과 관통에 무게가 실린 통일(统一)의 기능을 지니며 '문장법' 4대 규칙(四大律)이라 부른다.
<table>
<tr><th>구분</th><th>편장(문장) 4대 규칙</th></tr>
<tr><td>질서
(秩序)</td><td>'질서'는 재료를 순서에 따라 가지런히 안배한다는 의미이다. 위치 이동을 거쳐 순역(顺逆)의 선후순서가 정해진다.</td></tr>
<tr><td>변화
(变化)</td><td>'변화'는 재료의 순서를 들쭉날쭉 안배한다는 의미이다. 위치 전환을 거쳐 순역(顺逆) 교차의 효과를 조성한다.</td></tr>
<tr><td>연관
(联关)</td><td>'연관'은 재료 선후가 맞물리거나 호응하도록 안배한다는 의미이다. 국부적인 '조화'와 '대비'로 효과에 도달한다.</td></tr>
<tr><td>통일
(统一)</td><td>'통일'은 재료의 감정의미가 관통하도록 안배한다는 의미이다. 주요 논점과 강령을 알리지 않으면 안 된다.</td></tr>
</table></td><td></td></tr>
</table>

22) 陈满铭,『篇章结构学』, 台北: 万卷楼图书有限公司, 1998, p.10-45。〈표-10〉에 언급한 '문장법'은 대략 40종을 열거하면, 금차법(今昔法), 구잠법(久暂法), 원근법(远近法), 내외법(内外法), 좌우법(左右法), 고저법(高低法), 대소법(大小法), 시각변환법(视觉变换法), 시공교착법(时空交错法), 상태변환법(状态变换法), 지각전환법(知觉转换法), 본말법(本末法), 천심법(浅深法), 인과법(因果法), 중과법(众寡法), 병렬법(并列法), 정경법(情景法), 논서법(论叙法), 범구법(泛具法), 공간적허실법(空间的虚实法), 시간적허실법(时间的虚实法), 가설과 사실법(假设与事实法), 범목법(凡目法), 상략법(详略法), 빈주법(宾主法), 정반법(正反法), 입파법(立破法), 억양법(抑扬法), 문답법(问答法), 평측법(平侧法), 종수법(纵收法), 장이법(张弛法), 삽서법(插叙法), 보서법(补叙法), 편전법(偏全法), 점염법(点燃法), 천인법(天人法), 도저법(图底法), 고격법(敲击法) 등이 있다. (앞의 책, p.24)

종합사유 (综合思维)	‘종합사유’ 위주의 편(문)장에서 그 주요한 것은 주제와 풍격이 도입부터 전체 이미지의 정리에 대해 언급하는 ‘문장법’이다. 일반적으로 주제는 상투어(套语), 이미지(意象)와 기본 주제(母题) 등을 포함하는 것이라 여긴다. 주제가 한 편의 문장 속에서 주요 논지(강령)과 이미지(광의)를 가리키는 데 ‘형상사유’와 ‘논리사유’가 결합해서 하나가 된다. 풍격은 내용과 형식으로 구분하는 데 내용은 주제(주요논지, 이미지)와 관련된 것이고 형식은 문법, 수사와 문장법 등과 관련된 것이다. 주제로 보면 주요 논지의 나타남과 숨겨짐 및 그 출현위치, 강령의 의미맥락이 많고 적음에 주의해야 한다. 그리고 풍격으로 보면 음양 2원에 따라 상대적으로 형성된 강함(刚)과 부드러움(柔)이 각종 풍격의 기본이다. 즉 양강(阳刚)→음유(阴柔), 음유(阴柔)→양강(阳刚)의 순역(顺逆) 위치 이동이 핵심구조이다.	

※ 위의 표 내용은 천만미잉(陈满铭)의 『문장구조학(篇章结构学)』 내용을 바탕으로 정리한 것이다.

3. 중국어 논술방법

‘논술방법’은 논술을 시작하기 전에 ‘어떻게 전개해갈 것인지’에 관한 방법론의 문제이다. 일반적으로 논술의 주제가 선정되면 논지를 설정하고, 논거를 마련하며, 논증을 거쳐 논술을 전개한다. 그 중에 논증과정은 논지가 입증될 수 있는 논거를 들고 그 타당성을 합리적으로 증명할 방법론의 제시가 필요한 것이다.

3.1 논제의 선정 및 분석

‘논제(论题)’는 논술 과정 중에 글쓴이가 일관되게 견지하는 관점을 가리킨다. 논술에서 그 주제가 분명하지 않으면 내용을 어떻게 써내려갈지 갈피를 잡지 못하다 결국 일관성을 잃어 좋을 글쓰기를 해낼 수 없게 된다. ‘논제’를 선정하지 않고 논술하는 것은 어느 산을 오를 것인지 정하지도 않은 채 맹목적으로 등산하려는 것과 마찬가지이다.

3.1.1 논제의 선정

논술하는 사람 자신이 직접 '논제'를 선정하고 글쓰기를 진행할 수 있다. 그 선정은 대체로 2가지 경우인데, 하나는 논술하는 사람 자신이 '논제'를 선정하는 것이고 다른 하나는 '논제'가 주어지는 것이다. 후자의 경우 어떤 때는 논제가 '제시문' 형태로 주어질 수도 있다. '논제'가 자신이 직접 선정한 것, 어떤 형태로 주어진 것에 상관없이 이미 논술방법이 구현되고 일정 기간의 훈련, 연습 등을 거친 상황이라면 모두 문제될 소지는 전혀 없다.

① 논제의 종류

'논제'를 크게 주제(題目)와 소주제(小題目)로 구분한다. 즉 '주제'는 '대 주제(大題目)'라 부르기도 하는 데 논술문 전체 내용을 관통하는 중요 관점이 반영된 것이고 '소주제'는 논설문 부분단락 내용을 관통하는 중요 관점이 반영된 것이다.

② 논제 선정의 원칙

'논제'는 독창성, 명확성, 구체성, 흥미성, 합리성, 가치성, 다양성 등을 충분히 고려하여 선정하는 것이다. 구체적으로 정리하면 다음 〈표-11〉과 같다.

〈표-11〉 논제 선정의 원칙23

구분	논제 선정의 원칙	비고
독창성	'주제'는 새롭고 독창적인 것이어야 한다.	
명확성	'주제'는 단일 개념 어구로 그 취지, 관점이 명확히 드러나야 한다.	
구체성	'주제'는 핵심 내용이 드러나도록 범위가 한정된 구체적 어구로 정한다.	
흥미성	'주제'는 자신이 관심 있는 흥미로운 것일 때 열정이 생기고 잘 쓰려 한다.	
합리성	'주제'는 합리적으로 뒷받침해줄 수 있는 충분한 자료가 존재해야 한다.	
가치성	'주제'는 참신하고 의미 있는 것을 골라야 유용한 글쓰기를 한다.	
다양성	'주제'는 반드시 글쓰기 목적, 의도에 따라 고려해야 한다.	

23 임성규, 「주제 잡기로 글쓰기」(http://kocw-n.xcache.kinxcdn.com/data/document/2016/gnue/limsonggyu/6.pdf)를 참고하여 재구성.

③ 논제 선정의 당위성

'논제'가 논술의 방향성 제시, 내용의 체계적 구성, 서술의 일관성 유지 등을 원활하도록 한다. 그 까닭에 글쓰기에 앞서 '논제'에 내포된 관점을 고수하며 어떻게 논술해갈 것인지에 대한 분명한 구상이 있어야 전달하려는 내용을 집약적으로 논술할 수 있다.

'논제'가 선정된 후에 전체 논술의 방향을 지시하는 기능의 주제문이 작성되어야 완전한 주제의 선정이라 말할 수 있다. 왜냐하면 주제문이 바로 논술문을 통해 밝히려는 의견이나 태도를 주어와 서술어를 포함한 완전한 문장으로 표현한 것이기 때문이다. 그 작성 요건을 구체적으로 열거하면 다음과 같다.

〈표-12〉 제시문 작성 요건

주제문 작성 요건	비고
① 하나의 완전한 문장으로 진술해야 한다.	
② 문장을 평서문, 직설법으로 표현해야 한다.	
③ 논의 대상을 될 수 있는 한 한정해야 한다.	
④ 표현 내용을 근거로 증명할 수 있어야 한다.	
⑤ 글쓴이의 의견이나 태도가 분명히 드러나야 한다.	

3.1.2 논제의 분석

분석을 전제한 '논제'는 어떤 형태로 주어진 사례이다. '논제'에 내포된 글 내용의 취지, 목적 및 글쓴이의 의도를 파악하지 못하면 '무엇에 대해 논할 것인지' 주저할 수밖에 없다. 이렇게 방향을 잃고 논술한 글이라면 제아무리 좋은 내용이라도 결코 좋은 평가를 기대하기는 어려울 것이라 생각한다.

사실 '논제'의 분석은 '무엇을', '어떻게'라는 문제로 귀결할 수 있다. '무엇을' 즉 '무엇을 논술하라는 것인지'와 '어떻게' 즉 '어떻게 논술하라는 것인지'의 문제이다. 이 2가지 문제를 정확히 분석해내는 것이 관건이라 할 수 있다. 따라서 '무엇을', '어떻게'의 문제를 정확하게 파악해내야 주어진 '논제'의 의도에 부합하는 논술을 할 수 있을 뿐 아니라 기대했던 평가 결과를 얻을 수 있게 된다.

Ⅷ. 중국어 논리 및 기타

'중국어 논리(汉语逻辑)'에 관해 "그 문장에 분명한 논리구조를 중시하지 않는다"말하며 이로써 중국 어문교육 중 글쓰기 교육의 실패라 판단하는 사람들이 있다. 과연 그럴까 의문이 들지만 그 대답에 왠지 모르게 주저하게 된다. 그러면 중국어 논술 가운데 논리의 중요성은 어떠한가? 중국어 특징의 문장 논리에 대한 경시인 것일까 그렇지 않으면 논술 교육의 실패일까? 이러한 점들에 대해 반추하며 '중국어 논리' 문제를 기술하려 한다.

1. 중국어 논리

'중국어 논리'는 일찍이 춘추전국(春秋战国)시대 '명학(名学)', '변학(辩学)'이라 불리는 학설에서 비롯된 것이다. '명학(名学)'은 꽁쑨로옹(公孙龙)과 후이스(惠施)가 대표하는 명가(名家)에서 정립된 학설이며 '변학(辩学)'은 모디이(墨翟)가 대표하는 묵가(墨家)에서 정립된 학설이다. 당시의 주요 학술 명제인 '명실지론(名实之论)' 즉 명칭(名称)과 실질(实质)에 관해 토론하는 과정에 명가학파와 묵가학파가 주장했던 논리학 이론이라 할 수 있다. 이 두 학설의 내용을 살펴보면 '명학'은 두 종류 사물의 외부적 특징에 주목하여 실질을 일컬은 것이라면, '변학'은 이것저것(彼此)으로 하나의 대상과 명제에 대해 논쟁하여 실질을 일컬은 것이다. 하지만 두 종류 학설이 완전히 달라 '명학'은 명칭과 실질이 서로 불일치한 궤변론(悖论)적 성격을 지닌 것이라 할 수 있고, '변학'은 명칭과 실질이 서로 합당과 불합당한 변증론(辩证论)적 성격을 지닌 것이라 할 수 있다. 특히『墨子』중 '명(名)', '사(辞)', '설(说)', '변(辩)' 등에 관해 체계적으로 연구하였는데 '의미 항(意项)', '명제(命题)', '추리(推理)'와 '논증(论证)' 등에 해당한다. 이러한 논리학 이론이 있었지만 그 체계를 정립하려는 진일보한 시도나 언어생활 중에 구현해내려는 구체적인 노력을 기울이지 않았다. 게다가 중국인들이 중국어를 학습하여 말하고 쓰지만 결코 중국어 논리의 중요성을 강조했던 것은 아니다. 그 관련 특성은 중국식 사유가 논리성을 결여한다는 사실을 초래하였는데 만약 서양인이 중국인에게 일깨워주지 않았다면 아마도 지금껏 그 현상이 유지되고 있을지 모를 일이다. 이를 처음 일깨워준 사람은 MatteoRicci(利玛窦, 1552-1610)인 데 중국에 도착한 후 중국인들이 세상에 논리가 있는지 조차 알지 못한다는 사실을 발견하고 놀랍게 여겼다. 어려서부터 그리스 논리학의 영향을 깊게 받은 신학원(神学院) 졸업생인 그가 보기에 중국인들은 변론할 때 엄밀한 논리체계로 시비(是非) 판단하는 표준을 이해하지 못할 뿐 아니라 약간의 완전히 엄격하게 구분할 수 없는 혼합개념(混合概念)을 사용하는 것이었다. 그 결과 중국어의 어휘(词汇)와 어법(语法)적 특징이 중국어의 논리적 결함을 초래하였고 나아가 중국인들의 전통 사유방식을 결정하였다. 해당 예를 들어 구체적으로 설명하면 다음과 같다.

어휘상으로 말하면, 고대중국어 명사는 대부분 셀 수 없어 한 개의 불특정 수의 예를 사용하여 다른 사물 간의 차별을 설명하는 것이었다. 이런 어휘 특성이 명사의 추상화 측면의 곤란을 초래하는 데 예를 들면, '말(马)'이라는 이 어휘가 구체적인 말의 본체와 추상적인 속성을 구별해낼 수 없다. 쉽게 'Horse-hood(망나니 같은)'이나 'Horse-ness(말이 아닌)' 같은 추상적 어휘를 창조해내지 못하였을 뿐 아니라 명사와 형용사 간의 구별도 모호하였다. 명가의 '흰말은 말이 아니다(白马非马)', '딱딱하고 희면 돌이다(坚白石)'[27] 등 문제는 모두 이러한 어휘 특성이 가져온 결과이다.

어법상으로 말하면, 고대중국어 동사는 발달하지 못하는 데 일반 '동사술어문(动词谓语句)', '형용사술어문(形容词谓语句)'과 '是자구 동사술어문'이 형식상에 있어 어떠한 구별도, 사유상의 판단과 묘사서술도 없어 그 자구의 표면적 의미에서 보면 마치 모호함의 극치인 것처럼 보인다. 예를 들면,『묵자·소취(墨子·小取)』편에 "船, 木也; 入船, 非入木也(배는 나무이다. 사람이 배에 진입하는 것은 사람이 나무에 진입하는 것이 아니다)"[28] 라는 말은 바로 왜냐하면 '배는 나무이다(舟, 木也)' 즉 'A=B'라 말할 수 있고, '배에 진입하는 것은 나무에 진입하는 것이 아니다(入船, 非入木也)' 즉 '(C)A≠(C)B'라 말할 수 있다. 만약 영어로 번역하면 문제는 쉽게 해결된다. 즉 "A boat is made of tree, Man

27 王琯,『公孙龙子悬解』, 北京: 中华书局, 1992.

28 孙诒让著·孙以楷点校,『墨子閒诂』, 台北: 华正出版社, 1987, P.381.

riding a boat doesn't mean man riding a tree"에 해당한다. 따라서 해당 자구에 억매이지 말고 오히려 그 의미전달 목적을 고려하여 술어 '입(入)'자를 '진입(進入)'보다는 '타다(乘船, 坐船)'으로 해석하면 오해의 소지를 불식시킬 수 있다. 즉 "배는 나무로 건조한 것이다. (사람이) 배에 타는 것은 (사람이) 나무에 타는 것이 아니다"라는 의미이다. 바로 이런 문제를 묵가의 그 많은 학자들은 머리가 깨지도록 생각하며 분명한 의미를 밝히려하였지만 어쩌면 그들의 사유 수준이 언어문자의 장벽에 가로막혀 중국어를 제외한 다른 말로 번역하기 어려운 결과를 초래한 것일지 모른다. 이를 종합하면 어떤 때는 비록 A와 B가 같다(A等于B)고 할지라도 어떤 때는 (C)A와 (C)B가 다르다(CA不等于CB)는 것이 도대체 왜 그러한지 알 수 있었다. 그러나 알지 못하던 미지의 학문을 추구하려는 사람이 적었기에 선진(先秦)시대 이후 묵자학설은 절학(绝学)의 운명에 내몰렸으며 거의 2천년 동안 극히 소수의 중국학자들을 제외하고 진정으로 묵자학설을 이해한 사람이 드물었다. 자연스레 논리학은 이미 기억 속에 파묻힌 채 잊혀져가며 관심 밖 물건쯤으로 취급당했던 것이다. 서학동점(西学东渐)시대에 이르러 뒤늦게 중국인들이 문득 깨달아 까맣게 잊었던 기억을 되살리도록 한 것은 바로 본래 서양인들이 입을 열 때마다 말하던 논리학이었다.

사실상 고대중국어의 논리 문제 중에 중국 철학자들은 일찍이 그 감수성을 지녔었는데 라오쯔(老子)의 '가르침을 세움에 말로 하지 않았다(立教无言)'로부터 콩쯔(孔子)의 '난 말로 하고자 하지 않았다(吾欲无言)'에 이르고, 쫭쯔(庄子)의 '고기를 잡으면 그물을 잊는다(得鱼忘筌)'에 이르며, 다시 불가(佛家)의 '문자 기록의 산물인 불경에 의지하지 않는다(不立文字)'에 이르기까지 중국 철학자들이 구현해낸 놀랠만한 언어에 대한 불신감은 고대 그리스 철학과 헤브루(Hebrew)의 선지(先知)적 문헌 중에서는 모두 찾기 어려운 것들이었다.

현대 중국어는 어법방면에서 고대중국어보다 강화되었고 어휘방면은 여전히 그리 큰 진전이 없는 실정이다. 예를 들면 위에서 '배와 나무의 변증(舟木之辩)' 문제를 해결하였지만 '도둑과 사람의 변증(之辩)' 문제는 아직 해결하지 못했는데 현대중국어로 번역하면 "도적은 사람이다. 도적이 많은 것은 사람이 많은 것이 아니다. 도적이 없는 것은 사람이 없는 것이 아니다(盗人, 人也; 多盗, 非多人; 无盗, 非无人也)"[29]가 된다. 이

29 위의 책, P.381-382. "만약 그렇다면 비록 도적이 사람이지만 도적을 사랑하는 것이 사람을 사랑하는 것이 아니고 도적을 죽이는 것이 사람을 죽이는 것은 아니며 도적이라 의심스럽고 판단이 어려

는 단지 일종의 어리석은 생각일 따름이다. '도적은 사람이다(盗人, 人也)' 즉 'AB=A'라 말할 수 있고, '도적이 많은 것은 사람이 많은 것이 아니다(多盗, 非多人)' 즉 'nA≠nB'라 말할 수 없으며, '도적이 없는 것은 사람이 없는 것이 아니다(无盗, 非无人也)' 즉 'Not A≠Not B'라 말할 수도 없다. 왜냐하면 'AB=A'이면 'A=B'이기에 'nA≠nB'일 수 없으며 'Not A≠Not B'일 수도 없기 때문이다. 만약 영어로 번역하면 문제는 쉽게 해결된다. 즉 "Thief is a man. A lot of thieves don't mean a lot of people. Without thieves is not without people)"에 해당한다. 이를 종합하면 비록 'AB가 A와 같다(AB等于A)'고 할지라도 어떤 때는 'A가 B와 같다(A等于B)'고 할 수 있지만 어떤 때는 'nA와 nB가 다르다(nA不等于nB)'라 할 수 있거나 심지어 Not A 와 Not B도 다르다(Not A不等于Not B)라는 것이 왜 모순인지 몰랐다. 왜냐하면 합당과 불합당한 경직된 이원론적 사유에 매몰된 때문이었다. 철학 일반의 논리에서 보면 '도둑은 사람이다(盗人, 人也)' 즉 'AB=A'를 'A=B' 라 말할 수 있기에 '도둑이 많은 것은 사람이 많은 것이다(多盗, 多人也)' 즉 'nA=nB'라 말할 수 있으며 '도둑이 없는 것은 사람이 없는 것이다(无盗, 无人也)' 즉 Not A=Not B라 말할 수 있다. 왜냐하면 사유의 논리적 전환을 통한 실천은 진리를 검증하는 유일한 표준이기는 하지만 사실 해당 사례는 논리체계를 결여한 표현의 일종이라 할 수 있기 때문이다.

언어의 사유발전에 대한 결정적 작용은 고대중국어 논리 문제가 한 가지 좋은 사례이다. 사유와 언어의 기원 모두 길고 복잡한 과정이며 결코 한 종류 절대적인 기원이 존재할 수 없다. 각기 다른 사유 부분에서 다른 발생이나 기원 시간이 존재하는 까닭에 그 발생이나 기원이 확정될 수 있을지는 바로 언어로부터 결정된다 할 수 있다. 중국어는 논리적 사유의 조건이 제공되지 않은 까닭에 해당 부분의 사유가 중국에서 발전할 기회를 얻지 못했던 것이다. 비록 라오쯔, 콩쯔, 모쯔, 좡쯔 등 철학자들이 이미 은연중에 문제의 소지를 깨달았었지만 그뿐이었다. 반대로 만약 중국어 자체적으로 좀 더 엄밀하여 묵가 학설을 그리스인들처럼 논리체계로 발전해낼 수 있었다면 중국인들의 사유방식은 완전히 달라졌을 것이라 생각한다.

중국어는 방대한 언어체계이다. 그 가장 원시적인 언어를 설계해내게 된 근본적인

울 것(즉 해결이 곤란할 것) 없는 것이다, 어려울 것 없는 것이다(……若若是, 则虽盗人人也。爱盗非爱人也, 不爱盗非不爱人也, 杀盗人非杀人也, 无难盗无难矣)。"(앞의 책)'합당과 불합당'에 매몰된 변증론이다.

원인은 교류를 위한 것이었다. 즉 생활, 대자연의 정보 교류 예를 들면 위험, 음식물 등과 관련된 것이었다. 그래서 가장 원시적인 언어는 대자연을 객관적이고 완전하게 묘사 서술할 수 있었기에 이를 바탕으로 점차 전체 글자, 어휘 및 어법 자료를 확충하여 당시의 언어를 형성하였던 것이다. 때문에 그 가장 기초적인 어법과 어휘의 항목을 설정해서 중심 어휘 저장소로 삼아 그 속에 도대체 무엇이 들어 있는지 분석해 볼 수 있다. 이러한 자료들을 통해 원시인들이 당면한 것은 무엇일까? 무엇을 묘사 서술하려 했을까? 추측컨대 그것들은 아마도 당시 발생했던 생존과 외부세계에 대한 문제들이었을 것이다. 여기서 시간을 되돌려 이미 충분한 과학적 접근과 연구가 이루어진 현대 중국어의 시각에서 바라보면 보다 엄밀하게 그 관련 논리문제를 규명, 귀납, 정리하여 규범화된 체제로 재정립해낼 수 있다.

현대 중국어 중의 '논리' 이 어휘는 사유의 규칙성, 객관적 규칙성, 이치의 부합, 논리학 지칭 등 4종류의 함축의미를 지닌 것이다. 그 함축의미의 이해가 쉽도록 차례대로 정리하면 다음과 같다.

첫째, 사유의 규칙성이다. 이는 문장이 논리에 부합하지 않지만 오히려 감정, 이치상 근거가 있는 것이다.

둘째, 객관적 규칙성이다. 이는 진지하게 연구해가면 곧 사회생활의 어떠한 객관적 규칙인 생활의 논리를 찾을 수 있는 것이다.

셋째, 이치의 부합이다. 이는 연계변화의 방법으로 한 가지 줄거리가 논리적으로 다음 줄거리를 불러오는 것이다.

넷째, 논리학 지칭이다. 이는 사유의 형식과 규칙에 관한 과학을 가리키는 것이다.

그러면 현대중국어의 논리는 어떠한가? 현대중국어의 논리는 대체로 어의어법 논리, 문장 간의 논리, 단락 간의 논리, 전체 문장의 논리 등을 포함하는 것이다.

1.1 어의어법 논리

방법론상에 있어 '어의어법(语义语法)'이 명시하는 어법의의의 성질, 유별, 결합과 발전 변화 규칙은 인류의 주관의지에 따라 바뀌는 것이 아닌 객관적으로 존재하는 자연과학성을 갖추고 있고 인류가 무의식적으로 따르는 잠재된 그 어감 배후에 객관적으로 존재하는 어법규칙을 분명하고 정확하게 명시해내는 사회과학성을 갖추고 있다. 그래서 어법형식을 바탕으로 어법의의를 명시하거나 어법의의를 바탕으로 어법형식을 해석해내는 상호 검증방법을 활용하여 형식과 의미, 정태와 동태, 공시와 통시, 묘사와 해석, 정량과 정성, 귀납과 연역 등이 서로 결합된 '어의어법' 논리를 규명해가야 한다. 이 6종의 '어의어법' 논리를 열거하면 다음과 같다.

1.1.1 형식과 의미의 결합

어법 형식과 의의가 서로 결합된 '어의어법'의 핵심방법은 '형식 검증 의의'와 '의의 검증 형식'의 상호 검증 그리고 사고의 맥락을 통해 관형(한정)어 어법의의의 성질, 유별, 결합, 발전변화 규칙과 어의체계 건립 등을 명시할 수 있는 것이다. 예를 들면 전통주의와 구조주의 어법상에서 형용사와 명사가 결합된 '倔强juéjiàng的孩子(고집이 센 아이)', '剧烈的地震(극렬한 지진)', '锋利的刀片(예리한 칼날)' 등은 수식(修饰)관계, 정중(定中: 관형어+중심어)관계, 편정(偏正)관계를 표시하는 어법의의의 동종 어법형식이다. 그러나 한 가지 간과한 사실은 어떤 하나의 형용사도 결코 제한 없이 어떤 하나의 명사와 결합할 수 없어 앞에서 예로 든 '**倔强**的孩子', '**剧烈**的地震', '**锋利**的刀片' 등은 모두 불합리한 것이다. 즉 어법 상 형용사가 명사를 수식할 수 있지만 어의(화용, 구체적 실용) 상 형용사가 명사를 수식할 수 없는 예들이다. 바로 동일한 한 종의 어법형식이 표현 전달하는 동종 어법의의는 결코 진정으로 형용사 어의유형과 명사 어의유형 간의 결합규칙을 명시하지 못했다는 말이다. '어의어법'이 어법형식 배후 어의의 결합규칙을 해체하려면 곧 형식과 의의를 결합해내는 논리가 필요하다.

1.1.2 정태와 동태의 결합

'어의어법'은 어법구조의 정태적 분포와 결합을 살펴볼 수 있는 동시에 그 동태적 분포와 변환을 고려해야 할 수 있는 것이다. 이렇게 종적 그리고 횡적으로부터 품사, 어휘조합과 문장을 결합해서 완전하게 해당 어법구조의 성질을 나타낼 수 있다. 예를 들면 술어(동사) '有'가 많은 명사와 결합하여 '有字어휘조합(有字短语)'을 형성하는데 다음과 같다.

① 有差别, 有根据, 有远见, 有风度, 有规律;

② 有时间, 有权利, 有信心, 有能力, 有办法;

③ 有书, 有钱, 有饭, 有桌子, 有工具。

위 ①예들의 경우, 부사어(状语) 위치에 들어갈 수 있어 문장 술어(谓语)와 부사어+중심어(状中) 구조를 구성하지만 반드시 구조조사(结构助词) '地'를 동반해야 한다. 즉 '有差别**地分配**', '有根据**地发表**', '有远见**地做出**', '有风度**地行事**', '有规律**地生活**' 등이다. ②예들의 경우, '地'를 동반해서 부사어 위치에 들어가서 문장 술어(谓语)와 다중술어(连动结构) 구조를 구성할 수 없기에 문장 술어(谓语)가 목적어(宾语)를 동반하려면 '有+VP+的+N(NP)'[30]로 변환해야 한다. 즉 '有**饭吃的**时间', '有**说话的**权利', '有**通过考试的**信心', '有**承担这项工作的**能力', '有**解决问题的**办法' 등이다. 그리고 ③예들의 경우, '有字어휘조합(有字短语)'과 문장 술어(谓语)가 다중술어구조를 형성하지만 목적어가 어의 상 문장 술어(谓语)의 목적어이다. 즉 '**有书**念', '**有钱**花', '**有饭**吃', '**有桌子**坐', '**有工具**用' 등이다. 이렇게 정태적 조합이 동태적 문법구조의 문법위치 선별을 거쳐 어업의의 상 3종류로 분화해내는 논리가 필요하다.

1.1.3 공시와 통시의 결합

'어의어법'은 통시(历时)와 공시(共时)를 결합해서 각 어법구조나 허사(虚词)의 어법의의 발전변화 과정을 살펴볼 수 있는 것이다. 예를 들면 공시층면에서 산뚱 서부(山东西部)와 서북부(西北部) 및 허베이 동남부(河北东南部) 등지의 방언(方言) 중에 '连'이 '把'자구의 용법을 갖고 있는데 '连'의 '把'자 기능적 유래를 추적해 올라가기 위해 통시층면 상으로부터 3가지 선별과정 순서의 도움을 빌려 근대 중국어 중 '상(像)'을 추출해낼 수 있다. 마치 "(邵氏)又恐秀姑知觉到放个空, 教得贵连秀姑奸骗了"[31]처럼

---

30 VP(Verb Phrase) 즉 동사어휘의 조합(动词词组或短语), N(Noun) 즉 명사, NP(Noun Phrase) 즉 명사어휘의 조합(名词词组或短语)를 가리킨다.

31 『今古奇观』第五十七卷「况太守断死孩儿」: "다시 하녀 시우꾸(秀姑)가 명중에 목표가 없다는 것을 알아차릴까 두려워 하인 더꾸이(得贵)에게 시우꾸를 간교하게 속이도록 하였다." '教'는 '使','让'의 의미로 '……에게……하게하다'로 해석해야 한다.

'连'이 '把'자 기능의 언어재료를 표현 전달한다. '공시와 통시의 결합'이 분명하게 어법의의의 발전변화 과정을 어의 지도를 통해 간단히 묘사해낼 수 있는 까닭에 어의의 발전변화의 길과 표준양식 파악을 위한 귀감을 제공할 수 있는 논리가 필요하다.

1.1.4 묘사와 해석의 결합

'어의어법'은 성질, 유별, 결합과 발전변화 규칙의 '묘사와 해석을 결합'해낼 수 있는 것이다. 예를 들면 묘사층면에서 보면 부사어 위치 감정 형용사와 술어 위치 동사구조 간의 과인(果因), 인과(因果), 병행(并行, 平行) 등 3종류 어의 관계가 존재한 채 해석층면에서 이 3종의 어의 관계는 감정형용사와 동사구조 각각의 어의 특징으로부터 공동 결정되는 것이다. 동사구조가 '예기치 않은 순간 득실의미' 어의를 갖고 있을 때 감정형용사의 '원인성' 어의 특징을 부각시킬 수 있어 이로부터 과인관계를 구성한다. 예를 들면, "我高兴地**发现我填的答案都是正确的。**" 즉 "(所以)高兴地 — (因为)发现我填的答案都是正确的"의 어의 선택 관계이다. 동사구조가 '비자발적 순간의 시작과 마침' 어의 특징을 갖고 있을 때 감정형용사의 '공과를 세우는' 어의 특징을 부각시킬 수 있어 이로부터 인과관계를 구성한다. 예를 들면, "他高兴地**买到了风筝。**" 즉 "(因为)高兴地 — (所以)买到了风筝"의 어의 선택 관계이다. 동사구조가 '자발적 행위형상 지속의미' 어의 특징을 갖고 있을 때 감정형용사의 '수반성' 어의 특징을 부각시킬 수 있어 이로부터 평행관계를 형성한다. 예를 들면, "他高兴地**买下了所有的风筝**" 즉 "高兴地 ═ 买下了所有的风筝"의 어의 선택 관계이다. 이렇게 규칙적 묘사와 원인의 해석을 결합해내는 논리가 필요하다.

1.1.5 정량과 정성의 결합

'어의어법'은 어법현상의 수집과 관찰에 대해 어감에 기초한 내성에 의지한 외에 다시 언어자료 저장소에 기초해 수학통계 프로그램의 정량(定量)연구와 정성(定性)연구를 결합해낼 수 있는 것이다. 예를 들면 형용사 '秀丽'가 주체 및 용모 류 명사 '姑娘, 女人, 容貌, 相貌, 面容' 등뿐 아니라 물체 및 풍경 류 명사 '山川, 湖水, 地方, 风景, 风光, 景色' 등과도 결합할 수 있다면 성질분류 상에 있어 결국 주체 용모 류 형용사가 마땅할까 아니면 물체 풍경 류 형용사가 마땅할까? 언어재료 저장소 중의 '秀丽'는 각기 2종류 명사의 결합 수량을 통계할 수 있다면 수치와 실제 측정 값, 이론 추정 값의 차이정도 대비를 통해 경향성 정성결론을 얻어낼 수 있다. '秀丽'는 더욱 '물체 및 풍경 류' 명사와 결합 경향을 띤다.[32] 이렇게 정량과 정성을 결합해서 '秀丽'가 우선 '물체 및 풍경 류' 명사의 선택, 다음 '주체 및 용모 류' 명사의 선택을 지적해내는데 이는 자연적 언어처리와 중국어 교수·학습에 대해 모두 중요한 의의를 지닌다는 논리가 필요하다.

1.1.6 귀납과 연역의 결합

귀납과 연역은 인류 사유의 2가지 추리방식이며 사물의 객관적 규칙을 연구하는 도구이다. '어의어법' 이론의 어법규칙을 연구할 때 자각적, 비자각적으로 이 2가지 논리 도구를 이용할 수 있어 품사의 부차적 범주에서 채택할 수 있는 귀납적 방법이 같은 어의 특징의 어휘를 한데 모아 한 종류를 형성한다. 원인성을 갖고 있는 어의 특징의 감정형용사가 바로 아래 다른 어법 형식적 선별을·통해 귀납해낸 주체 형용사의 한 큰 종류이다.

① 这件事令人很兴奋(이 일은 사람으로 하여 꽤 흥분하게 한다)。

② 他把那些伤心消息都忘了(그가 그러한 마음상하는 소식을 모두 잊었다)。

③ 人们惊奇地发现景山犹如一个人像(사람들이 놀랍고 신기하게 경산이 하나의 인물 동상 같음을 발견한다)。

④ 老张有个女儿很得意(장 씨에게 딸이 있어 퍽 흐뭇해한다)。

위 예들에 보이는 감정형용사에 속하는 많은 어휘는 각 어휘가 모든 어법형식 중의 상황에 대해 다 조사검증을 진행할 수 없다. 따라서 부분적으로 감정형용사의 어의 특징과 어법기능을 추출해낸 이후 연역적 추리의 도움을 빌려 기타 감정형용사의 어법어의 기능을 예측할 논리가 필요하다. 즉 감정형용사와 동사구조 간의 어의 양

32 비슷한 용법의 '美丽'가 '주체 및 용모 류', '물체 및 풍경 류' 명사와 모두 결합 경향을 띤다는 점이 서로 다른 부분이다.

방향 선택 관계, 조합 상황에 따른 어의 성질, 유별, 특징, 결합 및 구조법칙(어휘의 조합과 문장구조, 유형 포함) 등이다.

'어의어법'의 목적에 도달하기 위해 방법론상에서 장점을 지닌 보완주의와 실용주의 태도를 채택하고 자연과학과 사회과학의 각종방법을 종합하며 객관적으로 존재할 뿐 아니라 인지규칙의 어법의의 성질, 유별, 특징, 결합 및 발전변화 규칙에 부합하도록 어의체계가 구성되었는지 논리적으로 규명해내야 한다.[33]

1.2 문장 간의 논리

중국어 '문장 간의 논리'관계를 크게 연합복문(联合复句), 편정복문(偏正复句) 등 2종류로 분류한다. '연합복문'은 병열관계(并列关系), 계승관계(承接关系), 점층관계(递进关系), 선택관계(选择关系) 등을 포함하는 것이고, '편정복문'는 인과관계(因果关系), 반전관계(转折关系), 조건관계(条件关系), 가설관계(假设关系), 양보관계(让步关系), 취사관계(取舍关系), 목적관계(目的关系), 시간관계(时间关系), 연쇄관계(连锁关系) 등을 포함하는 것이다.

1.2.1 연합복문-병렬관계

'병렬관계'는 복문의 각 단문마다 몇 개의 사물, 몇 종류의 상황, 한 사물의 몇 방면을 분별하여 서술하거나 설명하는 조합이다. 단문과 단문 사이에 접속사를 쓰지 않을 수도 쓸 수도 있다. 해당 논리 관계를 표시하는 복문의 접속사는 '……, 也……(……, 도/역시)', '……, 还……(……, 여전히)', '又……, 又……(……하기도, ……하기도)', '既……, 又/也……(……뿐만 아니라, ……도)', '一边……, 一边……(……하면서, ……하다)', '一面……, 一面……(……하면서, ……하다)' 등이 대표적이다.

1.2.2 연합복문-계승관계

'계승관계'는 복문의 각 단문 순서에 따라 연속적으로 발생하는 동작이나 사건을 서술하며 이때 동작, 사건의 순서는 이미 정해져 바꿀 수 없는 조합이다. 단문과 단

33 赵春利,「关于语义语法的逻辑界定」(『外国语(上海外国语大学学报)』第37卷第2期, 2014.3), p.2-11。

문 사이에 접속사를 쓰지 않을 수도 쓸 수도 있다. 해당 논리 관계를 표시하는 복문의 접속사는 '(一)……, 就/便……(……하자, 곧)', '(首先)……, 然后……(먼저……, 연후……)', '……, 于是……(……, 그래서……)' 등이 대표적이다.

1.2.3 연합복문-점층관계

'점층관계' 즉 복문 중 뒤 단문의 의미가 앞 단문보다 한층 더해 감을 표시한다. 그 표시방법은 2종류인 데 한 종류는 낮은 곳에서 높은 곳으로, 다른 한 종류는 높은 곳에서 낮은 곳으로 의미가 한층 더해지거나 덜해지는 조합이다. 해당 논리 관계를 표시하는 복문의 접속사는 '不但……, 而且……(……뿐만 아니라, 게다가)', '……, 还……(……뿐만 아니라, 또/다시……)', '……, 更……(……, 더욱……)', '……, 尤其……(……, 더욱이……)', '……, 甚至……(……, 심지어……)', '……连……也/都, 何况……(……조차도……한데, 하물며……)' 등이 대표적이다.

1.2.4 연합복문-선택관계

'선택관계'는 복문의 각 단문에서 말한 몇 종류의 상황 가운데 마음대로 선택하는 조합이다. 즉 단지 한 종류나 모두를 선택하는 2종류가 있다. '선택관계' 논리 관계를 표시하는 복문의 접속사는 '(或者)……, 或者……(하거나……, ……하거나)', '……, 或……(……, 혹은……)', '要么……, 要么……(……하든지, ……하든지)','(是)……, 还是(……이냐, 아니면……이냐)', '不是……, 就是……(……아니면, ……이다)' 등이 대표적이다.

1.2.5 편정복문-(설명·추론)인과관계

'인과관계'는 2가지로 구분하는데, 그 하나는 복문 중 편구(偏句)는 원인을 말하고 정구(正句)는 결과를 설명하는 조합이다. 단문과 단문 사이에 접속사를 쓰지 않을 수도 쓸 수도 있다. 해당 논리 관계를 표시하는 복문의 접속사는 '(因为)……, 所以……(왜냐면……,그래서……)', '由于……, 所以……(까닭에……, 그래서……)', '……, 因而……(……하여, 그러므로……)' 등이 대표적이다. 다른 하나는 정구는 편구에서 말한 원인으로부터 결과를 미루어 짐작할 수 있다. 해당 논리 관계를 표시하는 복문의 접속사는

'……, 因此……(……, 따라서……)', '(因为)……, 所以……(왜냐면……, 그래서……)', '……, 因而……(……하여, 그러므로……)' 등이 대표적이다.

1.2.6 편정복문-반전관계

'반전관계'는 우리말의 '전환관계(转换关系)'와 '역접관계(逆接关系)'를 포함하는 데, 복문 가운데 '전환관계' 즉 편구에서 서술된 사실을 정구에서 말 바꾸기 하는 조합, '역접관계' 즉 상반된 사실로 말하는 조합이다. '전환관계' 논리 관계를 표시하는 복문의 접속사는 '……, 不然……(……, 그렇지 않으면……)', '……, 然而……(……, 그런데……)', '……, 否则……(……, 아니면……)', '……, 就是……(……, 바로……이다)' 등이 대표적이다. '역접관계' 논리 관계를 표시하는 복문의 접속사는 '虽(然)……, 但是/可是……(비록……일지라도, 그러나……)', '(虽然……, 却……(비록……일지라도, 도리어……)', '……, 不过……(……, 그러나……)', '尽管……, 但是/还/也)……(설령……에도 불구하고, 그러나……)' 등이 대표적이다.

1.2.7 편정복문-조건관계

'조건관계'는 필요조건(必要条件), 충분조건(充分条件) 및 무조건(无条件) 3종류를 포함하는 데, 복문 중 편구는 조건을 말하고 정구는 이런 조건 실현의 결과를 설명하는 조합이다. '필요조건' 논리 관계를 표시하는 복문의 접속사는 '只有……, 才……(……해야만, 비로소……)', '除非……, 才……(오직……하여야, 비로소……)' 등이 대표적이고 '충분조건' 논리 관계를 표시하는 복문의 접속사는 '只要……, 就……(……하기만 하면, 곧……)', '一……, 就……(……하자마자, 곧……)' 등이 대표적이며 '무조건' 논리 관계를 표시하는 복문의 접속사는 '无(不)……, 也／都……(……막론하고, 도/모두……)', '不管……, 也／都……(……상관없이, 도/모두……)' 등이 대표적이다.

1.2.8 편정복문-(조건·무조건)가설관계

'가설관계'는 우리말의 '가정관계(假定关系)'에 해당하는 데, 복문 중 편구는 한 종류의 가설을 말하고 정구는 이런 상황에서 나타날 결과를 설명하는 조합이다. 단문과 단문 사이에 접속사를 쓰지 않을 수도 쓸 수도 있다. 해당 논리 관계를 표시하는 복문의 접속사는 '如果……, 就……(만약……한다면, 곧……)', '要是……, 就……(만약……한다면, 곧……)', '……的话, 就……(……한다면, 곧……)', '倘若/假若……, 就……(가령……한다면, 곧)', '……, 就……(……하면, 곧……)' 등이 대표적이다.

1.2.9 편정복문-양보관계

'양보관계'는 우리말의 '양보반전관계(让步反转关系)'에 해당하는 데 복문 중 편구는 흔히 일종의 사실을 받아들여 양보하지만 정구는 도리어 상대, 상반된 견해를 말하려는 조합이다. 해당 논리 관계를 표시하는 복문의 접속사는 '即使……, 也……(가령……하더라도, 도……)', '就是……, 也……(설사……이라도, 도……)', '固然……, 但是/却/也……(물론……이거니와, 도리어/도……)', '纵然……, 也……(설령……하더라도, 도……)' 등이 대표적이다.

1.2.10 편정복문-취사관계

'취사관계'는 '취사선택(取舍选择)'의 의미인 데, 복문의 간 단문에서 말한 몇 종류의 상황 가운데 마음대로 선택하는 조합이다. 즉 단지 한 종류나 모두를 선택하는 2종류가 있다. '취사선택' 논리 관계를 표시하는 복문의 접속사는 '与其……, 不如……(……하느니, ……만 못하다)', '宁可……, 也不……(……하느니, ……하는 것이 낫다)', '宁可……, 也不……(차라리……할지언정, ……하게 하지 않다)' 등이 대표적이다.

1.2.11 편정복문-목적관계

'목적관계'는 복문의 편구는 목적을 말하고 정구는 목적을 실현하기 위한 행위동작을 표시하는 조합이다. 해당 논리 관계를 표시하는 복문의 접속사는 '为(了)……, ……(……을 위하여, ……)', '……, 以便……(……, 편리하도록……)', '……, 以免/免得……(……, 하지 않도록……)' 등이 대표적이다.

1.2.12 편정복문-시간관계

'시간관계'는 복문 중 편구는 행위동작의 실현을 말하고 정구는 편구의 행위동작에 이어진 시간을 표시하는 조합이다. 단문과 단문 사이에 접속사를 쓰지 않을 수도 쓸 수도 있다. 해당 논리 관계를 표시하는 복문의 접속사는 '……, 就……(……하자, 곧……)'가 대표적이다.

1.2.13 편정복문-연쇄관계

'연쇄관계'는 보충설명의 의미를 포함하는데 복문 중 편구는 조건이 점점 더 달라짐을 말하고 정구는 정도가 더욱 발전하는 것을 나타내는 조합이다. 해당 논리 관계를 표시하는 복문의 접속사는 '越……, 越……(……할수록, ……하다)', '……说什么, 做什么(……뭘 말하면, 뭘 하다)', '……疑问代词, 偏句疑问代词(누가/어디에/무엇을/어떻게……하면, 누구에게/어디에/무엇을/어떻게 하다)' 등이 대표적이다.

위 13종류의 '문장 간의 논리'를 이해하고 글쓰기와 적절히 연계하여 단문에서 장문, 다시 장문에서 단락으로 확대하거나 발전시켜 나가기 위한 논리적 규명은 필수적이다.

1.3 단락 간의 논리

언어의 구조체계는 어음, 어법, 어의(어휘포함) 등 3부분 요소를 포함하는 것이다. 이 가운데 어음과 어법은 어의를 위해 존재하는 것들이라 할 수 있다. 다시 말해, 어음과 어법을 수단으로 언어가 표현전달하려는 것은 어의이다. 어의는 언어의 의미를 가리키며 언어형식과 결합하여 하나 된 의미인 것이다. 그래서 자연스레 문장, '단락' 그리고 어법과도 연계될 수밖에 없기에 그 관련성을 고려할 필요가 있다. 다만 그 관련성이 고려된 어의는 '단락'을 단위와 범위로 문장을 통해 그 실체적 내용을 표현전달 할 수 있을 것이다.

중국어 문장 중의 '단락'은 무엇일까? 어떤 논리로 구성되는 것일까? '단락'은 문장

내용이 구분 서술, 전환, 강조 등 상황으로 인해 조성된 끊김을 표현전달 할 때 문장의 단계를 표시하는 최소 구조단위이다. 이는 형식상에 있어 분명한 외재적 표식(흔히 첫 줄에서 2글자 들여쓰기)이 있는 데 한 번 보면 바로 알 수 있고 변별 분석이 필요치 않아서 습관상 '자연단락(自然段)'이라 부르기도 한다. 다만 '자연단락'은 결코 자연적인 것이 아니며 인위적인 '문장부호 단락(标点段: Punctuation paragraph)'이다. '단락' 내부의 문장과 문장, 문장과 문장 모둠, 문장 모둠과 문장 모둠이 일정한 논리적 순서에 따라 안배되고 구현된 어떠한 단계의 관계다. 단계와 '단락'은 관련이 있지만 구별도 있다. 즉 '단락'은 문자 표현전달과 이해하는 사람의 필요에 치중하는 서로 독립된 의미를 외재적으로 표현해내는 것이고, 단계는 사상내용에 착안하여 구분하는 내재적 논리성에 의지해서 구별을 나타내는 것이다. 단계는 아무튼 일정한 '단락'의 도움을 빌려 나타내는 것이다. 일반적으로 단계가 '단락'보다 큰 범위로 몇 개나 몇 십 개 '단락'을 포함할 수 있지만 내용이 간단한 단계는 단지 1개의 '단락'일 수 있다. '단락'의 구분은 문장부호(标点)로 단계를 나타내고 읽는 사람은 '단락'을 통해 단계를 인식한다.

부연하자면, '자연단락'이란 논술문 내용과 줄거리가 안배된 독립된 한 '단락'의 문장을 가리킨다. 몇 개의 문장으로 구성되고 각 문장이 서로 연관되어야 1개의 '자연단락'을 형성할 수 있는 데 만약 그렇지 않다면 2개의 '자연단락'이 된다. 다시 이러한 몇 개의 '자연단락'으로 '대 단락(大段)'이 구성된다. 즉 중국어 문장의 절대다수를 차지하는 보통단락(普通段), 이외에 도입단락(开篇段), 전개단락(过度段), 결말단락(结尾段) 등이 '대 단락'에 속한다. 따라서 그 단락의 논리는 반드시 '자연단락'을 기본 단위로 삼아 그 어감의 초보적 감수성으로부터 문장과 문단속의 관계, 언어 환경에 대해 깊이 이해하기 위한 논리적 규명이 필수적이라 할 수 있다.

1.4 전체 문장의 논리

미시적 관점에서 어의어법 논리, 문장 간 논리, 단락 간 논리 등을 고려하였다면 이제 거시적 관점에서 본격적으로 전체문장의 논리를 살펴보아야 할 차례다. 이를 위해 논술문장 구조에 대해 살펴보면 그 기본 형식은 크게 종식(纵式), 횡식(横式), 결합식(合式) 등 3가지 방식이 일반적이다. 각 방식을 간단히 정리하면 다음과 같다.

첫째, '종식' 즉 논술문장 단계가 주로 종적 형식으로 전개된다. 그 특징은 시간을 순서로, 글쓴이의 감정발전의 맥락을 순서로, 점차 단계에 깊이를 더하는 논증의 순서로 전개되는 것이다.

둘째, '횡식' 즉 논술문장 단계가 주로 횡적 형식으로 전개된다. 그 특징은 공간을 순서로, 재료성질의 분류로 단계를 구별하는 것이다.

셋째, '결합식' 즉 '종횡식', 논술문장 단계가 주로 '종식'과 '횡식'이 서로 결합된 형식으로 전개된다.

부연하면 어느 단락의 논술문장 구조 중에서도 모두 그 작용을 파악할 수 있다. 그 작용은 해당 단락이 전체문장 중에 위와 관련되는지, 아래와 관련되는지, 위아래와 모두 관련되는지, 보충하고 완전하게 하는지 등을 가리키는 것이다.

위 3가지 기본형식을 바탕으로 다시 논술문장의 구조방식이 어떠한지 살펴보아야 한다. **논술문장 구조**는 문장의 부분과 부분, 부분과 전체 간의 **내재적 관계와 외재적 형식의 통일**이며 모두 **중심의미, 재료, 구조** 등 **3요소**로 이루어진 것이다. 이러한 논술문장 구조를 분석하는 것과 논술문장 구상의 맥락을 파악하는 것은 동일한 문제이다. 왜냐하면 논술문장 구조는 논술문장 구상 맥락의 구체적 구현이기 때문이다. 그 중점이 단락 간의 상호 관련 및 문단 내부의 단계에 대한 파악에 있다. 이렇게 전체 논술문장 구상의 맥락과 관련 논리 전개의 단계에 대한 파악을 위해 그 구조방식을 철저히 이해할 필요가 있다. 그 단계는 위에서 이미 언급했던 '중국어 논술문장의 구조방식' 6종류를 통해 규명될 수 있을 것이다. 즉 총분식(总分式), 병렬식(并列式), 분술식(分述式), 대조식(对照式), 점층식(递进式), 종횡식(纵横式) 등이 그것이다. 따라서 논술문장의 경우 그 논증과정을 분석하고 구상 맥락을 파악하며 관련 구조를 분명히 이해하는 데 주력해야 한다. 구체적으로 말하면 사실논증(事实论证), 이치논증(道理论证), 대비논증(对比论证), 비유논증(比喻论证), 인용논증(引用论证) 등 논증방법을 분별해내고, 구체적으로 전체 문장의 논증 단계와 부분 논점 간의 단계를 분석해내야 한다. 여기에 약간의 언어표식의 도움을 빌려 각 단락 간, 부분 논점 간의 내재적 연계를 파악하고 그들 간의 총분, 병렬, 대조, 점층 등 관계를 규명해낼 수 있다.

〈표-16〉 중국어 논술 중 흔히 보이는 논증방법

구분	논증내용	작용
사실논증	진실성, 신빙성을 지닌 전형적인 사례로 논점을 증명.	논문문장의 설득력을 강화하고 더욱 전면적으로 총체적 사실을 개괄함.
이치논증	경전 중의 견해, 고금 명인의 명언 및 공인된 과학원리, 공식 등을 활용하여 이치를 말하는 방식으로 논점을 증명.	논술이 권위성을 지니며 설득력이 강화됨.
대비논증	정반 양면의 논점이나 논거를 대비하는 방식으로 논점을 증명.	논점이 부각되고 인상 깊게 함.
비유논증	이미 잘 알려진 사물을 사용하여 비유하는 방식으로 논점을 증명.	논술문장이 간단명료하여 알기 쉽기도 이해하여 받아들이기도 쉬움.
인용논증	'이치논증'의 일종인 데 경전 중의 명인의 명언이나 관점 등을 논거삼아 문제를 분석하고 이치를 설명하는 방식으로 논점을 증명.	논증의 흥미성을 강화하고 독자를 매료시켜 읽게 함.

결론적으로 위에 서술한 논술문장의 분석을 거친 후 일반적으로 그 논술구조, 구상맥락에 대한 이해가 분명해졌다면 마지막으로 해당 문장에 대해 총체적으로 파악할 수 있다.

2. 중국어 논술문 단락구성

'논술순서(写作排序)'는 '논술단계(写作层次)'를 가리키는 데, 논술문 단락구조(段落结构)의 구성에 관한 방법론을 제시하는 부분이다. 중국어 논술 교수·학습 중에 구조단계의 모호, 맥락구상의 혼란 등 문제가 보편적으로 존재한다. 그 원인은 중국어 논술의 단락구성 사유방식을 이해하지 못하거나 그 방면 훈련의 결여가 가장 주요한 원인이다.

전체적으로 구조가 문장의 골격이기에 오직 구조 안배가 적당해야만 그 문장은 질서 있고, 완전하며 쓰임이 적절하다할 수 있다. 사실 구조상에 있어 일정하게 고정된 규범이 있어 보는 사람이 그렇게 보고, 쓰는 사람이 그렇게 쓰며, 이미 일종의 모두들 묵인하는 글쓰기 습관과 규칙이 되었다. 단지 그 고정된 구조에 따라 써 가면 곧 되며 달리 고안할 필요가 없을 뿐 아니라 마음대로 안배하는 것은 허락되지 않는다. 그럼에도 불구하고 많은 사람들이 의문을 지닐 것인 데 '논점은 어디에 배치해야 할까', '원인분석은 어디에 배치해야 할까', '대책은 어디에 제시해야 할까' 등 문제를 만나면 공포심을 지닌 채 망설이며 어찌할 바를 모른다. 사실 확실히 그렇다. 그 해결 요령은 보다 많은 중국어 단락구성 방식에 관한 여러 종류의 방법을 채택하여 훈련할 수 있는 데 예를 들면 기본 형식과 단락, 순서배정 단락구성, 단락 이어쓰기, 단락취지 개괄, 오류단락 수정 등이다.

이어 중국어 논술문의 단락구성을 살펴보면 대체로 '3단 논술구조', '4단 논술구조', '5단 논술구조' 등이 대표적이라 할 수 있다. 각 논술단락 구조를 열거하면 다음과 같다.

2.1 3단 논술구조

'3단 논술구조(三段论结构)'는 문장구조의 한 가지 형태이며 주로 논설문의 구조 안배에 사용한다. 해당 논설문은 도입(开头), 전개(过度 즉 '正文'), 결말(结尾) 등 3부분으로 구성되는 데, 글쓴이의 사유 진전과정을 반영하고 그 인식의 규칙을 구현한 구성이다. 그 단계구조를 정리하면, 다음 〈표-17〉과 같다.

〈표-17〉 '3단 논술구조'

论文题目	• What(是什么) • 도입(开头-总)	主题(提出问题或论点: 문제나 논점 제기)
	• Why(为什么) • 전개(正文-分)	分析问题或论证(문제를 분석하거나 논증)
	• How(该什么, 怎么做) • 결말(结尾-总)	解决问题或作结(肯定论点: 문제해결, 결론도출)

'3단 논술구조'의 전체 문장은 100자에서 300자까지가 가장 좋고 지나치게 길면

안 되며 300자를 초과하지 않는 것이 적당할 것이다. 논설문은 천명서술하거나, 증명하거나, 반박하거나 그 가운데 한 관점의 문장이다. 이는 다른 사람을 설득하는 것을 성공으로 삼는 한 가지 완전한 체계이며 독립된 논증구조와 조직관계를 갖고 있다. 중국어 '3단 논술구조'의 100字, 300자 논설문(议论文)을 인용하면 다음 〈표-18〉과 같다.

〈표-18〉 '3단 논술구조'의 실례

자수	중국어 해당 '논술구조' 문장	분석
100자	成功 成功要勤奋。鲁迅就是勤奋努力才成为文学家的。/小河能汇聚成海洋，碎石能堆积成大山，学习就要靠积累才能进步。/ 知识是人类进步的动力，培根说过："知识就是力量。"[34]/ 总之，要勤奋地努力学习，坚持到底，会将引人走进成功之路。	举例论证-成功要勤奋。金庸就是勤奋努力才成为文学家的(总); 比喻论证-小河能汇聚成海洋，碎石能堆积成大山，学习就要靠积累才能进步; 引用论证-知识是人类进步的动力，培根说过："知识就是力量。"(分); 归纳内容而作结-总之，要勤奋地努力学习，坚持到底，会将引人走进成功之路。(总)
300자	学习 学习贵在坚持。我们都知道，书山有路勤为径，书海无涯苦作舟。/ 我们就是要在学习的海洋里苦中作乐，坚持学习，勤奋学习，才能登上知识的高峰。/ 学如逆水行舟，不进则退。若不坚持学习，就像无根浮萍，随波逐流，永远无法理解学习的真谛。只有坚持学习，我们才能激流勇进，上溯那一片清明。/ 学习在于锲而不舍。只有锲而不舍，才能金石可镂。锲而舍之，朽木不折。/ 我们要有顽强的毅力，才能在学习的道路上有所斩获，才能镂得金石笑开颜。[35]	引用论证-学习贵在坚持。我们都知道，书山有路勤为径，书海无涯苦作舟(开头); 事实论证-我们就是要在学习的海洋里苦中作乐，坚持学习，勤奋学习，才能登上知识的高峰; 比喻论证-学如逆水行舟，不进则退。若不坚持学习，就像无根浮萍，随波逐流，永远无法理解学习的真谛。只有坚持学习，我们才能激流勇进，上溯那一片清明; 道理论证-学习在于锲而不舍。只有锲而不舍，才能金石可镂。锲而舍之，朽木不折(展开); 归纳内容而作结 -我们要有顽强的毅力，才能在学习的道路上有所斩获，才能镂得金石笑开颜。(结尾)

2.2 4단 논술구조

'4단 논술구조(四段论结构)'는 고대 시문(诗文)에서 유래한 문장구조의 한 가지 형태

34 http://www.gxp ww.com/article/wz5527729a.html

35 https://www.sohu.com /a/246161531_100012735

이며 소설, 논술문 및 예술창작(음악, 무용) 등에 흔히 사용한다. 해당 논설문은 기, 승, 전, 결[36] 등 4부분으로 구성되는 데 독자와 글쓴이의 사유가 서로 의사소통할 길을 지닌 구성이다. 그 단계구조를 정리하면, 다음 〈표-19〉와 같다.

〈표-19〉 '4단 논술구조'

论文题目	단계	내용
论文题目	• 기(起) • 도입단계-起因	提出主题或事由(주제나 사유의 제기)
	• 승(承) • 전개단계1-承接	连接主题而发展(주제와 연계 발전)
	• 전(转) • 전개단계2-变化	展开内容, 深化反转(내용 전개의 심화, 반전)
	• 결(合) • 결말단계-合用	回归全文而总结(전체문장 종합, 총결)

'4단 논술구조'의 전체 문장은 300자에서 500자까지가 가장 좋고 지나치게 길면 안 되며 500자를 초과하지 않는 것이 적당할 것이다. 전체 논술문은 제목이나 논점(사상)은 '기'에 속하고, 몇 단락의 재료 인용이나 생활사례 서사와 총결은 '승'에 속하고, '승' 내용의 개괄은 '전'에 속하고, 논점의 총괄은 '결'에 속한다. 그 가운데 '승'과 '전'단락은 모두 본론(正文)에 속한다. 중국어 '4단 논술구조'의 500자 논설문(议论文)을 인용하면, 다음 〈표-20〉과 같다.

36 '기승전결'에 관한 가장 이른 시기 언급은 판더어지(范德玑)와 리우시짜이(刘熙载)의 기술에서 비롯된 것이다. 范德玑『诗格』: "作诗有四法, 起要平直, 承要春容, 转要变化, 合要渊永。" (四库全书本, 台北: 商务印书馆, 1986)刘熙载『艺概·文概』: "起、承、转、合四字, 起者, 起下也, 连合亦起在内; 合者, 合上也, 连起亦合在内; 中间用承用转, 皆顾兼取合也。" (刘熙载, 『艺概』, 上海: 上海古籍出版社, 1978)

〈표-20〉 '4단 논술구조' 의 실례

자수	중국어 해당 '논술구조' 문장	분석
500자	悲观与乐观 有这么一个故事：一对性格迥异的双胞胎，哥哥是悲观主义者，弟弟是乐天派。在圣诞前夕，哥哥的礼物是一辆崭新的自行车，而弟弟的则是一盒马粪，当哥哥收到时想到的是不会骑不能骑，而弟弟看到马粪时却问马在哪？／ 其实美好的食物不只局限在它的贵贱，它的大小，真正可以让自己感到美好的，是自己一直抱有“快乐”，“满足”的心态去看待每一个事物；而不是杞人忧天。	对比论证-有这么一个故事：一对性格迥异的双胞胎，哥哥是悲观主义者，弟弟是乐天派。在圣诞前夕，哥哥的礼物是一辆崭新的自行车，而弟弟的则是一盒马粪，当哥哥收到时想到的是不会骑不能骑，而弟弟看到马粪时却问马在哪(起) 引用论证-其实美好的食物不只局限在它的贵贱，它的大小，真正可以让自己感到美好的，是自己一直抱有“快乐”，“满足”的心态去看待每一个事物；而不是杞人忧天; 对比论证
	公司职员甲乙去同一个地方考察那里需不需要他们的商品。但是当他们两个回来后，甲升了职，乙却没有。而他们的升职只来决于一句话。当他们到达目的地后，看到那里的人连鞋子都不穿，乙发来一条电报：完了，这里的人连鞋都不穿，不需要我们啊！而甲则发来：作文太好了！这里的人连鞋都没有穿！很需要我们！这两封电报看出乙悲观的心态和甲乐观得心态，而这个心态决定了他们后面的发展之路。／ 从前有两个人，同住在一座荒凉石山上，甲每天唉声叹气，一边在山脚下为自己修着坟茔，而乙每天乐呵呵的，在山坡下中了好多绿色的树苗。转眼过了四十年，甲苍老的泪汪汪的打开坟茔的门，再也没有出来过。乙却精神抖擞，在碧树下采摘金色的收获。又过了许多年，甲的坟茔前长满衰草，野狼出没；乙的花果上却花长开，树长青，闪耀着生命的光辉。／ 总之，悲观与乐观都是种子。只不过，悲观结的果叫无奈，乐观结的果叫甘甜。生命苦短，我们不能让悲观去阻止我们发现快乐，也不能让乐观去让我们感受不到悲伤。[37]	- 公司职员甲乙去同一个地方考察那里需不需要他们的商品。但是当他们两个回来后，甲升了职，乙却没有。而他们的升职只来决于一句话。当他们到达目的地后，看到那里的人连鞋子都不穿，乙发来一条电报：完了，这里的人连鞋都不穿，不需要我们啊！而甲则发来：作文太好了！这里的人连鞋都没有穿！很需要我们！这两封电报看出乙悲观的心态和甲乐观得心态，而这个心态决定了他们后面的发展之路(承); 对比论证-从前有两个人，同住在一座荒凉石山上，甲每天唉声叹气，一边在山脚下为自己修着坟茔，而乙每天乐呵呵的，在山坡下中了好多绿色的树苗。转眼过了四十年，甲苍老的泪汪汪的打开坟茔的门，再也没有出来过。乙却精神抖擞，在碧树下采摘金色的收获。又过了许多年，甲的坟茔前长满衰草，野狼出没；乙的花果上却花长开，树长青，闪耀着生命的光辉(转); 归纳内容而作结-总之，悲观与乐观都是种子。只不过，悲观结的果叫无奈，乐观结的果叫甘甜。生命苦短，我们不能让悲观去阻止我们发现快乐，也不能让乐观去让我们感受不到悲伤(合)。

2.3 5단 논술구조

'5단 논술구조(五段论结构)' 즉 '정반대비(正反对比)' 형식의 '5단락 3부분식(五段三分)'

37 https://Www.ZuoWEn8.Com

방식인 데, 가장 흔히 보이는 문장구조의 한 가지 형태이기에 반드시 잘 익혀 사용해야 한다. '5단'은 논술 문장이 모두 5단락인 것을 가리키고 '3부분'은 전체 문장이 대체로 서론(绪论 즉 '引言'), 본론(本论 즉 '正文'), 결론(结论) 등 3부분인 것을 가리킨다. 그 구조가 단계적 느낌이 강하고 글쓴이의 표현태도가 더욱 선명하고 힘이 있다. 그 단계구조를 정리하면, 다음 〈표-21〉과 같다.

〈표-21〉 '5단 논술구조'

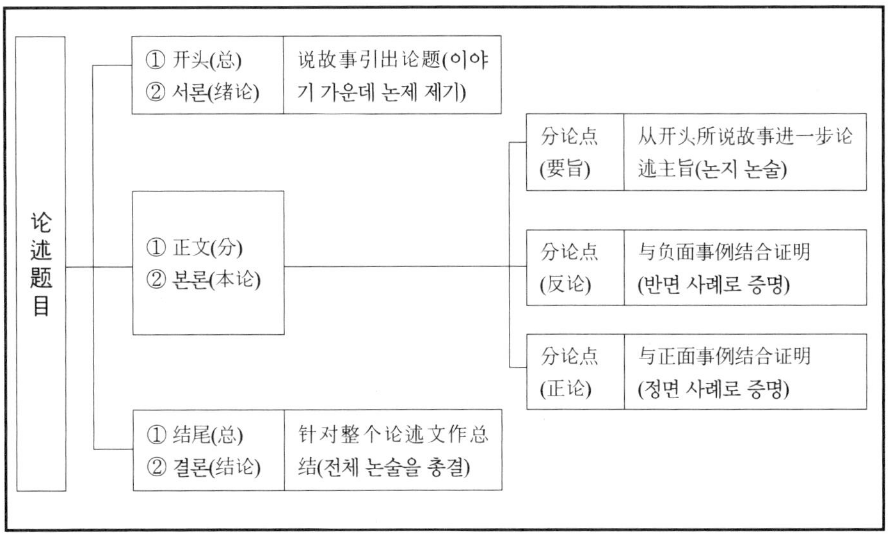

'5단 논술구조'의 전체 문장은 500자에서 850자까지가 가장 좋고 지나치게 길면 안 되며 850자를 초과하지 않는 것이 적당할 것이다. '4단 논술구조' 보다 더욱 쉽게 글쓰기를 전개할 수 있고 객관적으로 논제의 정면, 반면 양 측면을 분석할 수 있어서 쉽게 문장의 맥락을 구성해낼 수 있다. 중국어 '5단 논술구조'의 850자 논설문(议论文)을 인용하면, 다음 〈표-20〉과 같다.

〈표-20〉 '5단 논술구조'의 실례

자수	중국어 해당 '논술구조' 문장	분석
850자	**成功** 成功是什么？估计一千个人有一千种答案，我也说不清楚，但有一点是确定的，那就是很多人在追寻着它，虽然其中的很多未必真正了解成功是什么？只是换个角度看，这并不妨碍我们去追寻它不是吗？就像很多人不清楚爱情是什么，还是会奋不顾身地为之疯狂。 现在价值多元化了，也有人不再追逐它或者假装不再追逐它了，这类人粗略分类一下，估计不外以下四种，一是没心没肺的，反正无所谓，怎么都可以，一是崇尚个人价值体现的，只关注自己的快乐与需求，一是已经成功了，知道过程的艰辛和失去的苦痛，一是年事已高，失去了雄心壮志的。所以，总体来讲，成功大概是一种承载着社会主流价值观和个人价值观的体现。成功重要吗？重要，需要去追逐吗？需要，如果都不追逐了，那这世界的推动力量估计要弱一半。问题是，社会主流价值观和个人价值观怎能总是统一呢？21世纪了，现代化进程越来越快了，主流价值越来越现实了（当然用好听的词"务实"来表达也没问题），"利"、"名"、"权"的重要性越来越被凸显，如果你不认可，想想看自己的同学住着别墅、开着跑车的那股酸溜溜的感觉吧，想想自己某天成为高官或者富豪时可能有的兴奋之情吧。 什么是民权？估计让个人选择自己的生活方式（不违法为前提）就是其中的一个重要方面吧。主流价值观和个人价值观冲突了怎么办？我的看法是，尊重自己的选择，只是前提是你背负了自己不得不承担的责任，没有责任感的人我很难相信能找到自己选择的又可以快乐的生活方式。那个人价值观跟社会价值观不冲突呢？是不是就该庆幸自己主流不边缘了呢？或许吧，能找到自己承认又被人承认的方式何乐而不为。 问题的关键是，"不经历风雨怎么见彩虹"，成功不是你想要就属于你的，甚至不是你努力了就能得到的，按很多国人的思维，奥运赛场上夺金才是英雄，起码得有个牌吧，可问题是金、银、铜才三块呢，而运	绪论-成功是什么？估计一千个人有一千种答案，我也说不清楚，但有一点是确定的，那就是很多人在追寻着它，虽然其中的很多未必真正了解成功是什么？只是换个角度看，这并不妨碍我们去追寻它不是吗？就像很多人不清楚爱情是什么，还是会奋不顾身地为之疯狂(提出总论点);本论-分析论证-现在价值多元化了，也有人不再追逐它或者假装不再追逐它了，这类人粗略分类一下，估计不外以下四种，一是没心没肺的，反正无所谓，怎么都可以，一是崇尚个人价值体现的，只关注自己的快乐与需求，一是已经成功了，知道过程的艰辛和失去的苦痛，一是年事已高，失去了雄心壮志的。所以，总体来讲，成功大概是一种承载着社会主流价值观和个人价值观的体现。成功重要吗？重要，需要去追逐吗？需要，如果都不追逐了，那这世界的推动力量估计要弱一半。问题是，社会主流价值观和个人价值观怎能总是统一呢？21世纪了，现代化进程越来越快了，主流价值越来越现实了（当然用好听的词"务实"来表达也没问题），"利"、"名"、"权"的重要性越来越被凸显，如果你不认可，想想看自己的同学住着别墅、开着跑车的那股酸溜溜的感觉吧，想想自己某天成为高官或者富豪时可能有的兴奋之情吧(分论点);分析论证-什么是民权？估计让个人选择自己的生活方式（不违法为前提）就是其中的一个重要方面吧。主流价值观和个人价值观冲突了怎么办？我的看法是，尊重自己的选择，只是前提是你背负了自己不得不承担的责任，没有责任感的人我很难相信能找到自己选择的又可以快乐的生活方式。那个人价值观跟社会价值观不冲突呢？是不是就该庆幸自己主流不边缘了呢？或许吧，能找到自己承认又被人承认的方式何乐而不为(分论点); 分析论证-问题的关键是，"不经历风雨怎么见彩虹"，成功不是你想要就属于你的，甚至不是你努力了就能得到的，按很多国人的思维，奥运赛场上夺金才是英雄，起码得有个牌吧，可问题

3.1.4 논술 훈련의 실천 내용

교실 밖 생활경험과 연계한 교수·학습을 중시하고 방과 후 글 읽기와 글쓰기를 강화해야 한다. 적당하게 밖으로 나가 배우는 교실 밖 교수·학습 방식을 채택하여 예를 들면 조사보고, 소식정보 등의 논술로 학생이 교실에서 걸어 나가도록 안배할 수 있어야 배운 이론지식의 인식이 깊어질 수 있다.

3.1.5 논술 기교의 훈련

'논술 기교'는 논술 활동 중에 대단히 중요하게 작용하는 데 글쓴이의 논술 의도를 실현하는 중요한 조건이며, 논술 문장 예술적 성취를 결정하는 내재적 요소이다.

그러면 어떻게 '논술 기교'를 훈련할 수 있을까? 대체로 생활을 본받기(师法生活), 글 읽기 거울삼기(阅读借鉴), 일상적인 논술(经常练笔) 등 3가지 방면에서 진행할 수 있다.

첫째, '생활을 본받기'는 부지런히 생활을 관찰하고 깊이 파고들어 체험생활을 해야 자신의 논술기교가 진정으로 향상된다는 의미이다.

둘째, '글 읽기 거울삼기'는 우수한 논술문장의 내용과 형식 모두 완성도가 비교적 높고 기교도 흔히 숙련되며 창조성이 풍부하기에 그 기교를 본보기로 모방하여 글쓰기하면 자신의 기교도 자연히 향상된다는 의미이다.

셋째, '일상적인 논술'은 본질적 의미의 기교 시범훈련인 데 일상적 논술, 반복적 논술이 글쓴이에게 한 가지 논술 기교의 개괄적 체계와 자동적 논술 활동방식을 고정시킨다는 의미이다.

'논술 기교'의 장악과정을 크게 2단계로 나눌 수 있다. 하나는 기능단계(技能阶段)이고, 하나는 숙련단계(熟练阶段)이다. 즉 '기능단계'는 방법 없는 가운데 방법을 추구하는 것인 데 관찰, 체험, 많이 읽기, 많이 쓰기를 통해 논술의 기본 기교를 배울 수도 논술 실천에 활용할 수도 있다는 것이다. 이것이 '논술 기교'를 장악하는 첫 번째 단계다. '숙련단계'는 방법이 있는 가운데 변화를 추구하는 것인 데 첫 번째 단계를 바탕으로 논술의 각종 기교를 장악하여 숙련되고 자연스러우며 창조성이 풍부한 논술 실천을 활용할 수 있는 것이다. 이것이 '논술 기교'를 장악하는 두 번째 단계다.

3.2 논술문의 글쓰기 훈련

자신의 논술 능력을 향상하는 가장 좋은 방법은 많은 글 읽기이다. 문장을 많이 읽고 각종 문장을 두루 읽으며 매번 느낌을 써내려가 자신도 모르는 사이에 그 느낌에 근거해서 자신의 논술을 써내려갈 때 바로 한 편의 논술문장을 '마땅히 어떻게 쓸지', '어떻게 줄거리 맥락을 전개할지', '어떻게 입론하거나 반론할지', '어떻게 예술기교를 활용할지' 등에 대해 알 수 있게 된다.

왜 이렇게 모두 논술이 어렵다고 느낄까? 왜냐하면 많은 훈련을 거치지 않았기 때문일 것이다. 논술 능력을 향상하는 가장 좋은 방법은 바로 많은 훈련이다. 많은 훈련이 필요한 기능에 대한 다른 향상 방법은 없는 까닭에 바로 훈련을 진행하면 된다.

그러면 어떻게 훈련을 진행할 것인가? 대체로 단락에서 편장까지, 모방에서 창조까지, 논술방법에서 수정보완까지 등 3부분으로부터 진행할 수 있다.

먼저 '단락에서 편장까지'이다. 단락구성 훈련은 기본 글쓰기 훈련이라고도 부르는 데 논술 훈련 중 일종의 유효한 형식이다. 글쓴이의 부담 경감, 그 수준의 향상을 바로 단락구성 훈련 중에 구현할 수 있다. 평소 보다 많은 단락구성 훈련을 진행해야 표현 전달 방식, 구조형식, 논술방법 등의 기본적 기능훈련을 진행할 수 있을 뿐 아니라 전체 논술문 작성을 위한 기초를 다질 수 있다. 즉 전체 논술문을 '주제를 무엇으로 선정할지', '어떤 태도와 입장을 견지할지', '어떠한 시각에서 접근할지', '몇 부분 및 단락으로 나눌지', '각 부분 관계를 어떻게 설정할지', '각 부분 내용을 어떻게 안배할지', '도입은 어떻게 써내려갈지', '본론은 어떻게 논증할지', '결말은 또 어떻게 마무리할지' 등이다.

다음 '모방에서 창조까지'이다. "모방은 창조의 어머니이다"라는 말처럼 모방은 인류 창조심리 특징의 하나이다. 기존의 이론지식 정보로부터 모방하고 모방으로부터 창조하는 일련의 습관이 논술자의 생활 중에 중요한 작용을 일으킨다. 이 단계에서 논술을 얼마나 잘할까 생각하기 보다는 우선 할 수 있고 마칠 수 있다면 성공인 셈이다. 그래서 너무 많은 생각은 금물이인 데 먼저 논술을 마쳐야 하고 가장 중요한 것은 반드시 마치는 것이다. 그 목적은 글쓴이 스스로 한 편의 논술을 완성했다는 성취감으로부터 고무되어 쓸 수 있다는 자신감을 갖기 위한 것이다. 이는 매우 중요한데 자신감이 있어야 논술에 성공할 수 있다.

그다음 '논술방법에서 수정보완까지'이다. 논술문 글쓰기는 문장법을 중시하는 까닭에 일정한 논술 이론지식을 숙지하고 이러한 관련 이론지식을 활용하여 글쓴이 자신의 의식적 귀감, 논술 과정을 전개해 가는 것이다. 하지만 논술 과정에 예기치 않은 오류, 부족의 출현을 완전히 배제하기는 쉽지 않다. 그 첫걸음은 논술문 중심논점, 부분논점, 구조방식, 결합관계, 언어표현에 대한 대조를 진행하는 것이다. 즉 '중심논점이 관점사상을 반영하는지', '중심논점과 부분논점의 선택이 관계가 있는지', '부분논점별 내재적 구조방식이 유기적인지', '문장별 외재적 결합관계가 분명한지', '언어표현이 유창하고 쉬운지' 등에 대해 진일보한 수정보완이 이루어져야 한다.

위 3부분 논술 훈련을 거친 후 가장 쉽게 글쓰기 연습에 들어갈 수 있다.

4. 중국어 논술연습

'중국어 논술연습(汉语习作)'은 실제 논술에 들어가기 전에 그 훈련을 실제로 전환하기 위한 최종 점검의 성격을 띤 예비단계이다. 어떻게 논술연습을 시작할까? 그 대답은 바로 주기적인 논술, 많은 글 읽기, 사고능력 제고, 논술감각 유지 등의 노력을 견지하는 것인 데 열거하면 다음과 같다.

4.1 주기적인 논술하기

논술은 일종의 기능인 데 기타 기능과 마찬가지로 학습 그리고 반복 연습이 필요하다. 이제 막 논술을 시작하였다면 글쓴이 자신에게 주기적인 하나의 목표를 정해 줄 수 있고 예를 들면 주기적으로 300자(에서 500자까지)씩 논술하도록 할 수 있다. 하지만 목표를 지나치게 높게 정하지 말아야 한다. 왜냐하면 난 위도가 높아지고 시간이 길어지면 유지해가기가 매우 어려워서 논술의 적극성이 감퇴하기 때문이다. 반대로 너무 낮게 정하지도 말아야 한다. 왜냐하면 목표가 너무 쉽게 실현되면 논술 능력의 향상에 그리 큰 도움을 줄 수 없기 때문이다. 자신의 실제 상황에 따라 적합한 분량 만큼씩을 정해 주기적인 연습을 한다면 1~2주 만에 진전을 발견할 수 없겠지만 반년 일년 후엔 틀림없이 차이를 발견 수 있을 것이다.

4.2 많은 글 읽기

만약 논술만하고 이론지식 정보를 축적하지 않는 다면 어떤 사람도 최후에는 모두 쓸 말이 없다 느낄 것이다. 따라서 주기적으로 논술하는 동시에 많은 글 읽기(多读)하기 역시 매우 중요하다. 글쓴이 자신이 읽은 책, 논술한 학과 영역분야에 근거해서 관련 소재를 축적하기에 그 축적이 다양한 논술로 이어질 수 있다.

4.3 사고능력 제고

이론지식이 나날이 축적되고 사고능력이 부단히 향상되면 이에 따라 언어문자 표현전달 능력도 강화된다. 언어문자 표현전달 능력의 수준은 글쓴이 자신의 사고능력 영향을 받아 결정되며 그 향상은 인식수준, 판단능력, 사유논리 능력 등 3방면에서 이루어질 수 있다.[39]

4.4 논술감각 유지

고품격 논술 상태 지속의 관건은 글쓰기 감각의 유지이다. 적합한 논술 줄거리와 관점의 표현전달 능력을 연습하고 자신만의 논술 전개과정을 형성하며 스스로 결과의 좋고 나쁨을 알 수 있어야 한다. 논술 연습을 할 때 반드시 공개적 논술방식을 선택하고 평론, 찬성, 전달, 전환 등 통계수치화를 통해 자신의 반응체계를 건립해서 때맞춰 문장마다 '훌륭한 곳은 어디인지', '수정보완이 필요한 곳은 어디인지'를 알아야 더욱 그 목적에 맞도록 적합한 연습을 진행하고 논술 능력을 향상할 수 있다.[40]

39 杜甫의《柏学士茅屋》诗 : "……男儿须读五车书(사내는 태어나 일생동안 반드시 다섯 수레의 책을 읽어야 한다)。"(위의 주18의 책)

40 杜甫의《江上值水如海势聊短述》诗: "……, 语不惊人死不休(시구 언어가 다른 사람들을 놀라게 할 수 없다면 죽어도 고치고 다듬기를 그치지 않겠다)。"(위의 주18의 책)

Ⅸ. 중국어 논술

본 장절에서 '중국어 논술(汉语写作)' 중에 흔히 사용하는 '응용문' 즉 '각종 서식'을 위주로 단문, 장문 등의 작성 및 논문의 기술을 위해 필요한 일련의 이론과 실제에 대해 서술하려한다.

1. 단문(短文)

위에 언급한대로 중국어 '응용문(즉 각종 서식)' 중에 단문에 해당하는 문장유형을 중심으로 살펴볼 수 있다.

1.1 응용문 이론

이른바 '응용문'의 개념에 관해 지금껏 결코 통일된 엄격한 정의를 결여하는 데, 그러한 정의가 있을 수도 없을 뿐만 아니라 학자들과 서적들마다 흔히 다른 귀납과 개괄을 하고 있다. 교수·학습의 시각에서 다음 몇 가지 측면으로부터 그 본질적 특징을 파악할 수 있다.

1.1.1 응용문의 본질적 특징

① 글쓰기 목적의 명확성

'응용문'은 특정한 목적을 실현하기 위해 작성되는 것임에 따라 그 작성 동기, 원인과 목적이 아주 명확하다.

② 언어 표현전달의 규범성

'응용문'은 주로 규범화된 현대중국어를 사용하고 적당하게 약간의 고어 어휘를 채택사용하며 문장의 언어가 장중, 간결, 엄밀한 데 이 점이 문학 작품과 선명한 차이를 나타낸다.

③ 형식체계의 안정성

대부분의 '응용문'이 이미 안정된 통용 형식과 체계를 형성하였기에 그 규범성과 엄숙성을 구현하고 글쓴이가 작성할 때 반드시 형식, 체계의 요구를 준수해야 한다.

④ 시간 요소의 확정성

'응용문'이 대상으로 하는 일들은 일반적으로 일정한 시간 내에 존재하는 것인 까닭에 적용시간, 유효기간과 작성일자 등 시간적 요소가 매우 확정적이다.

개인적으로 '응용문'은 각종 유형의 기업체, 기관단체와 개인 용무, 학습과 일상생활 등 사회활동 중에 활용하여 각종의 공·사적 사무, 교류정보 전달, 실제문제 해결 등을 처리하는 데 사용되는 것으로 직접적 실용가치를 지니고 형식이 규칙적이며 언어가 간략한 여러 종류 문체의 통칭이라 정의한다.

1.1.2 응용문의 종류 및 용도

일반적으로 '응용문' 종류를 용도, 성질이 다름에 따라 분류한다.

① 용도별 종류

'응용문'을 용도에 따라 다음 2종류로 분류할 수 있다.

첫째, 행정기관, 단체와 기업체 사업부서에서 사용하여 공무를 처리하는 것이다.

둘째, 개인이나 단체가 사용하여 사적인 용무를 처리하는 것이다.

② 성질별 종류

'응용문'의 성질이 다름에 따라 일반성 응용문(一般性应用文), 공문성 응용문(公文性应用文), 사무성 응용문(事务性应用文) 등 다음 3종류로 분류할 수 있다.

첫째, '일반성 응용문'이다. 이 종류는 마땅히 다음 몇 종류를 포함한다. 예를 들면 서신(书信: 감사편지感谢信·표창편지表扬信·위문편지慰问信·소개편지介绍信·공개편지公开信·증명편지证明信·신청서申请书·건의서建议书·제안서倡议书·초빙편지聘请书), 통지(通知), 알림(启事), 회의(会议), 설명서(说明书), 독서필기(读书笔记) 등이다.

둘째, '공문성 응용문'이다. 이 종류는 정당이나 국가기관, 사회단체, 기업체부서의 명의로 발송하는 문건 종류이다. 예를 들면 공고(布告), 통고(通告), 비평답장(批复), 지시(指示), 결정(决定), 명령(命令), 지시요청(请示), 공문(公函) 등이다. 흔히 장중하고 엄숙하며 특정 상황장소에 적용해서 사용하는 '응용문' 등이다.

셋째, '사무성 응용문'이다. 일반적으로 안내장(请柬), 조사보고(调查报告), 규정제도(规章制度) 및 각종 감정(鉴定) 등을 포함하며 일상 사무를 처리할 때 사용하는 일종의 '응용문'이다.

③ 응용문의 용도

'응용문'의 용도는 대체로 다음 4가지로 귀납할 수 있다.

첫째, 정보전달(传递信息)이다.

둘째, 사무처리(处理事务)이다.

셋째, 감정교류(交流感情)이다.

넷째, 근거증빙(用作凭证)이다.

1.1.3 응용문의 4요소

'응용문'을 구성하는 4가지 요소에 주제(主题), 누구를 위해 쓸것인가(为谁而写), 작성목적(写作目的), 형식과 구조(格式与结构) 등이 있다. 그 구성요소별 내용을 구체적으로 열거하면 다음과 같다.

① 주제

각 편의 '응용문' 모두 한 가지 주제를 중심으로 전개되어야 한다.

② 누구를 위해 쓸 것인가

개인 편지문건은 가족·친구·부부 대상, 상무 편지문건은 사업파트너 대상, 광고는 일반대중 대상, 포스터는 어떤 한 무리사람들 대상으로 작성하는 것이다. '누구를 위해 쓸 것인가'를 이해했다면 바로 해당 '응용문' 내용의 적합도 그리고 격에 맞게 작성할 수 있어 작성한 이의 정보가 전면적으로 상대방에게 전달될 수 있다.

③ 작성목적

왜 해당 '응용문'을 작성해야 하는가? 작성한 이의 정보를 상대방에게 전달하려는 것인지, 상대방이 작성한 이에게 정보 제공하기를 요구할 것인지? 거래를 상의할 것인지, 감정을 연계할 것인지? 한 편의 '응용문'이 주제를 확정하였다 할지라도 어떤 때 도리어 목적에 도달하지 못하는 것은 무엇 때문일까요? 그 목적이 분명하지 않으면 곧 내용이 확실하지도 적절하지도 않아 괜한 헛수고가 될 수 있다.

④ 형식과 구조

각종 유형의 '응용문'의 형식과 구조는 서로 다르다. 편지문건은 편지문건의 형식과 구조가 있고 광고는 광고의 형식과 구조가 있다. 해당 유형 관련 형식과 구조를 이해하지 못하면 바로 '응용문'을 작성해낼 수 없다.

1.1.4 응용문의 특징

'응용문'의 특성은 실용성(实用性), 진실성(真实性), 적합성(针对性), 시효성(时效性), 고정성(固定性) 등이 강한 것이다.

① 실용성

'응용문'은 내용상에 있어 실용성을 매우 중시한다는 것이다. 해당 '응용문'을 써서 일처리, 실제 문제를 해결하는 것인 데 강한 실용성을 갖고 있다.

② 진실성

'진실성'은 '응용문'의 생명인 데 모든 문장이 다 진실성을 지니길 요구한다. 이점에 대한 각종 '응용문'의 요구가 다르다. 해당 '응용문'이 반영하는 상황, 문제, 서술하는 사실은 객관적으로 존재하는 것이고 상급기관에 상신, 전달하여 지시하는 기능을 확실히 지닌 것이며 어떠한 예술적 가공(윤문)도 거칠 수 없다.

③ 적합성

'응용문'은 다른 영역, 구체적 업무, 작성목적에 근거하여 각기 다른 문장종류를 사용할 수 있는 것이다.

④ 시효성

'응용문'은 정보를 전달하고 실제 문제를 해결하는 측면에서 좋은 효과를 얻을 수 있는 데 반드시 시간, 효율에 주의하는 유효기간을 중시해야 하는 것이다. 일반적으로 말해 '응용문'은 흔히 특정한 시간에 특정한 문제를 해결하는 것인 데 될 수 있는 대로 빨리 관련 정보를 전달해야 함에 따라 그 시효성이 강하다. 때 맞춰 해당 '응용문'을 발송하지 못하고 질질 끌거나 시간이 흘러 상황이 변하면 이미 그 정보는 실패하여 실용적 가치를 잃게 될 것이다.

⑤ 고정성

'응용문'이 그 관용의 외재적 형식과 주체적 풍격을 지니고 있다. 적지 않은 형식이 사회상에서 장기적으로 약정되어 인정된 것이지만 약간의 형식은 국가에서 통일적으로 규정한 것도 있는 데, 예를 들면 들면 공문이 그것이다. 또한 약간의 '응용문' 형식이 비교적 간단한 것도 있다. 형식이 어떤지에 관계없이 모두 업무처리 효율을 높이기 위한 것인 데 더욱 잘 그 도구적 작용을 발휘하도록 해야 한다.

1.2 응용문의 실제(상)

쪽지로부터 위 '1.1.2 응용문의 종류와 용도'부분에서 언급한 '응용문' 중에 그 실용성이 비교적 강한 종류를 위주로 선별하여 해당 종류별 형식, 명의를 밝히고 그 실례를 들어 설명하려 한다.

1.2.1 기본 형식

단문 '응용문'의 기본형식을 정리하여 제시하면, 다음 〈표-21〉과 같다.

〈표-21〉 단문 '응용문'의 기본형식

단문 '응용문'의 기본형식	비고
① 호칭(称呼)	고정위치, 뒤에 ':'를 더함(顶格, 后加冒号:)
② 본문내용(正文)	줄 바꾸어 2칸 들여 씀(另起一行, 空两格)
③ 서명(署名)	본문 아래 우측으로 치우쳐 씀(偏右下方)
④ 날짜(日期)	서명 아래 줄맞춰 씀(偏右下方)

※ '응용문'에서 서명과 날짜를 '낙관(落款)'이라 부름.

1.2.2 단문 - 응용문

① 쪽지(便条)

'쪽지'는 일상생활 가운데 만약 무슨 일이 있어 상대방에게 알리려거나 다른 사람에게 위탁해서 무슨 일을 처리하려 할 때 대면하여 이야기하지 않은 상황에서 작성하는 짧은 쪽지근거(条据) 즉, 일종의 간단한 서신이다. 그 내용이 간단한 데 대부분 임시적 문의(询问), 메모(留言), 통지(通知), 요구(要求), 지시(请示) 등이며 흔히 단지 한두 마디 말을 사용한다. '쪽지'는 일반적으로 봉투를 사용하지 않고 모두 우편으로 부치지 않으며 다른 사람에게 부탁해서 건네거나 임시로 특정장소, 위치에 놓아두지만 어떤 때는 공공장소의 메모판, 메모장 및 컴퓨터 인터넷 창의 쪽지 란에 써 놓을 수도 있다. 그 몇 가지 실례를 들면 다음 〈표-22〉, 〈표-23〉, 〈표-24〉 등과 같다.

〈표-22〉 쪽지(便条)

苏杰仁弟:

你好! 今请我单位的张学友顺路向你送去我从你处借的《中西古典语文论衡》, 请收。谢谢您平时对我的支持。

〇〇〇

二〇一八年十一月十七日

〈표-23〉 통지(通知)

注意: 明天是自考日子, 请带好身份证和准考证。

〈표-24〉 요구(要求)

小龙: 我来你宿舍找你, 但你不在。我明天下午3:30和朋友在西校园体育馆打羽毛球, 你也能来吧。不见不散! 阿飞 二〇二〇年八月二十六日

② 쪽지근거(条据)

'쪽지근거'는 어떤 종류 증빙근거를 삼는 쪽지이다. 이는 일상생활 중에 가장 흔히 보이고 가장 간편하기도 한 '응용문'이다. 흔히 사용하는 종류로 메모쪽지(留言条), 결석계(请假条), 차용쪽지(借条), 인수쪽지(收条), 빚 쪽지(부채: 欠条), 영수쪽지(领条) 등이 있다. 이러한 쪽지들 모두 하나의 고정된 형식을 가지고 있다. 위 '응용문 기본 형식'과 대체로 일치하며 호칭, 본문내용, 낙관(서명, 날짜) 등 4부분으로 구성한다. 그 몇 가지 실례를 들면 다음 〈표-25〉, 〈표-26〉, 〈표-27〉, 〈표-28〉, 〈표-29〉, 〈표-30〉 등과 같다.

〈표-25〉 메모쪽지(留言条)

상황설정(情景)
杰克接到安妮的朋友乔治的电话, 可是安妮不在家, 杰克也要出去办事, 于是他给安妮写了一张留言条。

예문(例文)
安妮: 今天下午, 你武汉的朋友乔治打电话找你, 他后天要到北京来, 有点儿事想请你帮忙。他请你晚上给他回个电话, 电话号码是 027-87664321。 杰克 二〇二〇年十月十一日

〈표-26〉 결석계(请假条-1)

请假条

姜老师:

我因感冒发烧不能到校上课, 请假一天, 请予以批准。

此致

敬礼!

学生 王明

二〇二〇年三月三十一日

〈표-27〉 결석계(请假条-2)

请假条

陈老师:

您好! 我儿子赵强因为今天感冒发烧, 需要到医院输液, 特请假一天。请批准为盼。

此致

敬礼!

学生家长: 赵富贵

二〇二〇年十二月四日

〈표-28〉 차용쪽지(借条)

借条

今借徐大武人民币两千元整(2000.00元), 家中急用, 一个星期后还款。

借款人: 马须还(私章或手印)

二〇二〇年十一月七日

〈표-29〉 인수쪽지(收条)

收条
今收到李占庆从张经理处带来的工资一千八百元整(1800.00元)。
收款人: 刘大成(私章或手印) 二〇一九年十月五日

〈표-30〉 빚 쪽지(부채: 欠条)

欠条
今欠韩国商的人参果款柒万伍千元整(7,5000.00元), 定于八月九日前还清。
欠款人: 张付清(私章或手印) 二〇一八年八月一日

〈표-30〉 영수쪽지(领条)

领条
今领到大红沟村委会转发的扶贫款伍百肆拾元整(540.00元)。
经手人: 杨救贫(私章或手印) 二〇一八年九月八日

③ 통지(通知)

'통지'는 그 활용이 광범위한 알림의 성격을 지닌 공문이다. 이를 사용해서 법규(法规), 규정(规章)을 공표하고 상급 기관, 동급기관과 서로 예속되지 않은 기관에 전송하며 하급기관의 공문에 회답(批转)하여 하급기관이 어떤 항목의 사무 등을 처리하도록 요구한다. '통지'는 일반적으로 표제(标题), 주 송달부서(主送单位: 통지문을 받는 대상受文对象), 본문내용, 낙관(서명, 날짜) 등 4부분으로 구성한다. 그 몇 가지 실례를 들면 다음 〈표-31〉, 〈표-32〉, 〈표-33〉 등과 같다.

〈표-31〉통지(通知-1)

紧急通知:
明天要外出游园, 请同学门穿好校服, 准时到学校集合。不许带零食, 带玩具。
学校大队部

〈표-32〉 통지(通知-2)

通知
电子琴兴趣小组成员:
明天下午3时, 电子琴兴趣小组将在学校音乐教室开展活动, 请全体成员带电子琴按时参加。
电子琴兴趣小组 06月28日

〈표-33〉 통지(通知-3)[41]

通知
○○公司的全体员工:
经公司领导班子研究决定, 新进公司的员工但, 一年转正定级后, 公司给统一办理缴纳社保。现在由员工自己缴纳社保, 缴费收据上交到公司人事部。为保证员工的合法权益, 公司将以现金的形式给予补偿, 每月每人补人民币580元, 体现在个人的工资里。此规定从○○○○年○○月○○日起执行。
特此通知
公司人事部 ○○○○年○○月○○日

41 http://www.baidu.com/s?ie=utf-8&f=3&rsv_bp=1&rsv_idx=1&tn=baidu&wd=%E9%80%9A%E7%9F%A5%E7%9A%84%E6%A0%BC%E5%BC%8F%E5%8F%8A%E8%8C%83%E6%96%87

④ 초대장(请柬)

'초대장'은 청첩(请帖), 간첩(简帖)이라 부르기도 한다. 손님을 초청해서 어떤 활동에 참가시키기 위해 발송하는 예의성(礼仪性) 서신이다. '초대장'은 일반적으로 2종류 양식이 있는 데 한 종류는 단면(单面)이며 직접 표제, 호칭, 본문내용, 존경을 표시하는 말, 낙관(서명, 날짜) 등 5부분으로 구성하고 다른 한 종류는 양면(双面) 즉 접이식(折叠式)인 데 앞 면은 표지(封面)이고 '안내장(请柬)' 두 글자를 쓰며 한 면은 뒷면(封里)이고 호칭, 본문내용, 존경을 표시하는 말, 낙관(서명, 날짜) 등을 쓴다. 그 몇 가지 실례를 들면 다음 〈표-34〉, 〈표-35〉 등과 같다.

〈표-34〉 초대장(请柬)-단면(单面)

同学家长:
兹定于十一月十八日下午四时在八(1)班教室, 举行期中教学质量检查家长会

敬请光临

八(1)班班委会
十一月十日

〈표-35〉 초대장(请柬)- 양면(双面)

请 柬

送呈＿＿＿＿＿＿(全福)

公历○○月○○日

谨订予○○○○年　　　　　　　　14(下午2)点

农历○○月○○日

为○○○、○○○举行书法"2016韩中教授一加一禅风书艺展"，敬备礼品，题字分享。届时恭请○○、○○

光临

○○○、○○○ 敬邀

地点: 中国上海古北路1799号闲堂

联系: 演众13006200299

⑤ 광고(广告)

'광고'는 어떤 종류의 특정한 필요를 위해 일정한 형식의 매체를 통해 공개적이고 광범위하게 대중에게 정보를 전달하는 선전수단이다. 광고는 넓은 의미와 좁은 의미의 구분이 있다. 넓은 의미의 광고는 비경제적 광고와 경제적 광고를 포함하는 데 비경제적 광고는 영리를 목적으로 하지 않는 광고를 가리키고 '효응 광고'라고도 부르며 주로 확대보급이 목적이다. 좁은 의미의 광고는 단지 경제적 광고를 가리킬 뿐 인데 '상업광고'라고도 부르고 영리를 목적으로 하는 광고를 가리키며 주로 경제적 효과와 이익 확대가 목적이다. 그 몇 가지 실례를 들면 다음 〈표-36〉, 〈표-37〉, 〈표-38〉 등과 같다.

〈표-36〉 광고(广告-1)[42]

42 https://image.baidu.com/search/index?tn=baiduimage&ps=1&ct=201326592&lm=-1&cl=2&nc=1&ie=utf-8&word=%E5%B9%BF%E5%91%8A

〈표-37〉 광고(广告-2)[43]

 健康月饼 从心开始	2020年 健康月并介绍 一、料实新鲜: 坚持选用新鲜的原料、真材实料。 二、无添加剂: 在生产中不添加人工色素、香精、防腐剂、 品质改良剂等化学添加剂。 三、用油健康: 不使用氢化油脂(此油廉价、经常食用会引起 心脑血管疾病), 而是用新鲜压榨的花生油等。 四、品质保证: 在配料(调整糖油水的比例)、封口(65℃热封)、包装(选用好的卷膜)等关键点上解决月饼发霉问题。

〈표-38〉 광고(广告-3) [44]

○○服装公司

○○服装有限公司成立于一九九八年, 公司一直致力于娱乐制服的开发、设计、制作。公司迄今已走过十余年发展历程。在二○○四年进行产品结构转型,
长期承接:高中档西服、职业装、商场营业员服装、大衣、衬衫、工作服、酒店服、保安服团购及来料加工。
经营理念: 塑造企业形象、营造企业文化、创造客户价值。

⑥ 알림(启事)

'알림'은 자기의 요구를 대중에게 사실을 설명하거나 협력처리를 희망하는 일종의 단문을 가리키는 것이며 응용 논술의 범주에 속한다. 흔히 공공장소나 발행된 신문, 간행물 상에 고시한다. 기관, 단체, 기업체 부서와 개인도 모두 사용할 수 있다. 그 내용에 따라 '알림'은 각기 다른 유형의 여러 종류 알림으로 나눌 수 있는 데 주요한 것으로 사람 찾는 알림(寻人启事), 물건 찾는 알림(寻物启事), 유실물 보관 알림(挂失启事),

43 https://image.baidu.com/search/index?tn=baiduimage&ps=1&ct=201326592&lm=-1&cl=2&nc=1&ie=utf-8&word=%E6%9C%88%E9%A5%BC(참고하여 재구성함)

44 http://www.baidu.com/s?ie=utf-8&f=3&rsv_bp=1&rsv_idx=1&tn=baidu&wd=%E5%B9%BF%E5%91%8A%E8%AE%BE%E8%AE%A1%E4%B8%8E%E5%88%B6%E4%BD%9C

학생모집 알림(招生启事), 초빙 알림(招聘启事), 징집 알림(征集启事), 정혼 알림(征婚启事), 축하의식 알림(庆典启事) 등이 있다. 그 몇 가지 실례를 들면 다음 〈표-39〉, 〈표-40〉, 〈표-41〉, 〈표-42〉, 〈표-43〉 등과 같다.

〈표-39〉 알림(启事)-사람 찾는 알림(寻人启事)[45]

寻人启事

○○月○○日上午○○点, 我带女儿去○○商场购物, 不慎女儿走失, 请帮查找。

我女儿叫王晓, ○○岁, 身高○○公分; 圆脸, 单眼皮, 眼睛不大, 眉毛很重, 头上带有大红色蝴蝶结发卡; 身穿分红色毛连衣裙, 红线裤, 脚穿红色皮鞋。北京人, 说普通话, 但吐字不太清。请帮查找, 有重谢。如有线索请速与我联系, 联系点话: 6892○○○○, 手机: 1390115○○。

王○○
○○○○年○○月○○日

〈표-40〉 알림(启事)-물건 찾는 알림(寻物启事)

寻物启事

本人于昨天上午左右, 不慎在图书馆遗失蓝色耐克书包一个, 内有本人身份证、学生正、钱包、课本和几本笔记本。烦请拾到者将书包送交失物招领处或电话联系吴大伟。联系电话为13768510137。

多谢代为保管, 不胜感激!

焦急万分的失主
九月二十八日

45 http://www.baidu.com/s?ie=utf-8&f=3&rsv_bp=1&rsv_idx=1&tn=baidu&wd=%E5%AF%BB%E4%BA%BA%E5%90%AF%E4%BA%8B%E6%A0%87%E5%87%86%E8%8C%83%E6%96%87

〈표-41〉 알림(启事)-유실물 수령 알림(招领启事)

招领启事

本商场拾到手提包一个, 内装人民币若干元, 手机、信用卡等物, 望失主前来认领。
地点: 本市〇〇商场三楼办公室
电话: 〇〇〇〇〇〇〇〇

〇〇商场办公室
〇〇〇〇年〇〇月〇〇日

〈표-42〉 알림(启事)-세를 구하는 알림(求租启事)[46]

求租启事

某人求租, 40平方米左右铺面房, 开展复印机、打字机修理业务, 要求租赁在〇〇区〇〇带最好。愿出租者请先电话联系, 预约商洽时间。

联系人: 王〇〇
电 话: 1360〇〇〇〇〇〇
〇〇〇〇年〇〇月〇〇日

〈표-43〉 알림(启事)-학생모집 알림(招生启事)

招生启事(〇〇大学2021年招收攻读硕士学位研究生)

一、招收人数: 100名
二、招生专业:
三、报名时间: 〇〇月〇〇日–〇〇月〇〇日
报名地点: 〇〇大学研究生招生办公室
四、考试时间: 〇〇〇〇年〇〇月〇〇日至〇〇日
函索即寄 邮编: 〇〇〇〇〇〇
简章备索

〇〇大学研究生院
〇〇〇〇年〇〇月〇〇日

46 https://image.baidu.com/search/index?tn=baiduimage&ps=1&ct=201326592&lm=-1&cl=2&nc=1&ie=utf-8&word=qiuzu%E5%90%AF%E4%BA%8B%E6%A0%87%E5%87%86%E8%8C%83%E6%96%87

〈표-56〉 증명서(证明信-3)[51]

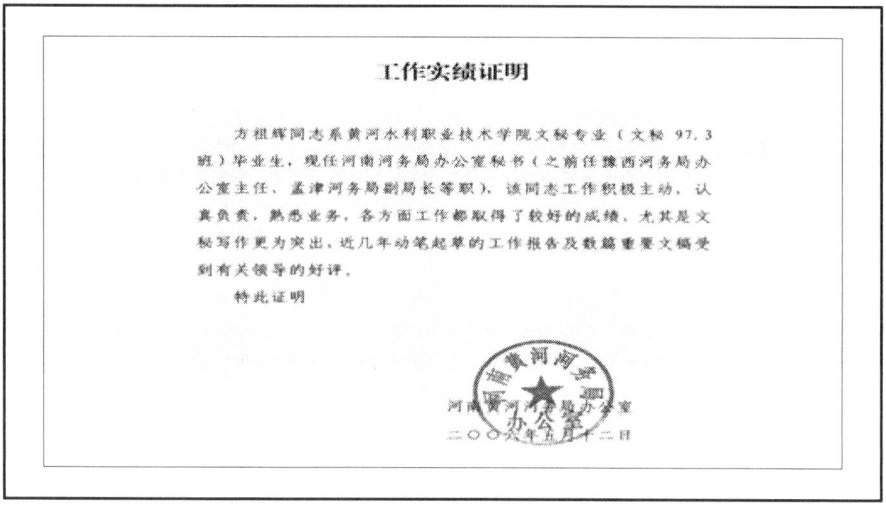

工作实绩证明

方祖辉同志系黄河水利职业技术学院文秘专业（文秘97.3班）毕业生，现任河南河务局办公室秘书（之前任豫西河务局办公室主任、孟津河务局副局长等职）。该同志工作积极主动，认真负责，熟悉业务，各方面工作都取得了较好的成绩，尤其是文秘写作更为突出，近几年动笔起草的工作报告及数篇重要文稿受到有关领导的好评。

特此证明

河南黄河河务局办公室

二〇〇六年五月十二日

⑤ 서한(书函)

'서한'은 서로 예속되지 않은 기관 간의 상의 활동, 문의와 대답 문제(상급 기관이 하급 기관의 보고, 계획 등)에 심사허가 상항에 비준과 대답을 청구할 때 사용한다. 그 사용 범위가 지극히 넓고 사용 빈도도 지극히 높아 공문 중의 '경무기(轻武器)'라 부를 수 있다. '서한'을 발송할 때 평화롭고 예의바르며 진정어린 언어를 사용하여 주무기관에 대해 존중, 겸양과 존경을 표시해야 한다. 즉 하급 기관에 대해 온화하고 동급 기관과 서로 예속되지 않은 기관에 대해 다정해야 한다. 생경하고 딱딱하며 명령 성질의 언어를 극력 삼가야 한다. 회답 '서한'은 태도가 명랑하고 언어가 알맞아야 하며 모호하고 두루뭉술하거나 망설인 채 결정하지 못하면 안 된다. 해당 문건으로 초청장(邀请函), 협조공문(协助公函), 서신(书信: 보통편지普通信, 위문편지慰问信, 축하편지祝贺信, 애도편지哀悼信, 부탁편지请求信) 등이 대표적이다.

• 초청장(邀请函)

'초청장'은 가족, 친구 및 지명도 있는 인사, 학술 전문가 등을 초청해서 어떤 항목의 활동에 참가하게 할 때 발송하는 청약성(请约性) 서신이다. 이는 현실 생활 중에

51 https://image.baidu.com/search/index?tn=baiduimage&ps=1&ct=201326592&lm=-1&cl=2&nc=1&ie=utf-8&word=%E8%AF%81%E6%98%8E%E4%BF%A1

흔히 사용하는 일종의 일상 응용 논술의 문장이다. 국제적 교류 및 일상의 각종 사교활동 중에 이 종류의 서신 사용이 광범위하다. 응용 논술 중에 '초청장'은 매우 중요한 것이고 상무활동(商务活动) '초청장'이 그 중요한 부분이며 상무 예의활동 '초청장'의 주요내용은 '응용문'의 기본형식과 부합하여 제목, 호칭, 본문내용, 낙관(서명, 날짜 포함)으로 구성한다. 그 몇 가지 실례를 들면 다음 〈표-57〉, 〈표-58〉, 〈표-59〉, 〈표-60〉, 〈표-61〉 등과 같다.

〈표-57〉 초청장(邀请函-1)[52]

邀请函

经与贵公司就项目合作事宜进行初步洽谈后，我公司对合作事宜进行了研究，认为：

(一) 该项目符合国家的产业政策，具有较好的市场前景和发展空间。

(二) 该项目不仅将极大的促进双方发展，而且还将极大的促进两地合作，具有较大的经济效益和社会效益。

(三) 该项目所在我地区有很好的资源优势，具备合作的基本条件。我公司认为，本项目符合合作的基本条件，具备进行商务合作洽谈的基础。具体公司法人代表收到本邀请函后，派代表赴我公司作商务考察并就实质性框架合作进行洽谈，我公司将承担本次商务考察的全部费用。敬请告知准确时间，以利安排，我公司法人将亲自与贵公司面议合作事宜。

致敬

商祺！

〇〇〇〇有限公司

〇〇〇〇年 〇〇月 〇〇日

---

52 https://image.baidu.com/search/index?tn=baiduimage&ps=1&ct=201326592&lm=-1&cl=2&nc=1&ie=utf-8&word=yaoqinghan%E6%A0%87%E5%87%86%E8%8C%83%E6%96%87

〈표-61〉 협조서한(协助书函-3)

○○大学校函

受文者: 中国上海复旦大学 杨校长 玉良 先生
发文日期: 2011年 03月 01日
速别: 迅速件
类别: 协助书函
密等及其解密条件、期限: 普通

复旦大学校长惠鉴:

为复旦大学与○○大学校之间进一步推动合作交流、加强协作关系, 本校○○○总长拟于今年12月份赴上海访问贵校, 并进行洽谈两校间合作交流事宜。

贵校于1995年5月27日与本校签订了合作协议, 即时生效。跨校交流至今已有16年之久, 我校拟考虑对原定协议进行若干调整, 请予商定:

其一、是提高交流层次, 实现校长互访。交流层次提高到最高层次, 对校际重大事务如重要校庆、校长上任、跨校活动等实现校长互访。学术上实现跨校合作研究、轮流举办学术会议等。

其二、是扩大交流范围。交流不限于目前范围, 而是扩大为全校各系所。若日后交流规 模扩大,则可避免协议上的一再调整。

其三、是调整交流师生的方式。教员交流其名义调整为客座教授, 待遇适当调整, 师资互派交换, 学生交流则除了继续目前的交流方式以外, 本校还考虑增加新的方式, 如推荐优 秀学生进行委托教育, 或学生自费到贵校学习汉语以及攻读各系所。我校学生攻读贵校各系 所的续接方式,大约可有3+4、4+3、4+4等。

3+4(读本校3年后续读贵校4年, 即学部或语学院1年加研究所3年)
4+3(读本校4年后续读贵校研究所3年)
4+4(读本校4年后续读贵校4年, 即学部或语学院1年加研究所3年)

希望贵校尽快商谈以上调整内容, 下文回复。以便我方及早准备, 合作计划顺利进行。

特此专函!

韩国○○大学校 总长 ○○○ 签章

(邮编: 570-749)
地　　址: 韩国全罗北道益山市益山大路460
传　　真:
联 络 人:
联络电话:
手　　机:

• 서신(书信)

'서신'은 서로 비교적 멀리 떨어져 잠시 만날 수 없는 사람들이 감정과 사상을 교류하기 위한 수단이다. 과거 '서신'은 유구한 역사를 지녔는데 세계 각국 사람들이 모두 사용하던 것이었다. 그것은 인류의 교류와 소통의 역사상에 있어 중요한 지위를 차지하고 있다. 핸드폰, 전화와 컴퓨터 등과 같은 간단하고 빠르며 민첩한 교류 도구가 지구촌에 보편적으로 분포한 지금도 여전히 일부분의 사람들이 '서신'을 사용하여 서로 정보를 교환하길 원한다. 그 형식은 대체로 5부분인 데, 열거하면 다음과 같다.

첫째, **호칭(称呼)**이다. 고정 형식이지만 어떤 것은 일정한 관형어, 수식어 등을 더할 수도 있다. 예를 들면 '친애하는(亲爱的)', '존경하는(尊敬的)', '회억하는 아내(缅怀爱妻)' 등이다.

둘째, **인사말(问候语)**이다. 독립 단락을 이루고 아래 문단과 이어지지 않는다. 예를 들면 '안녕하세요(你好)!', '근래 편안하십니까(近来安否)?', '근래 잘 지내십니까(近来过得好吗)?', '근래 몸이 편안건강하십니까(近来身体是否安康)' 등이다.

셋째, **본문내용(正文)**이다. 이것이 서신의 주체(主体)이며 몇 단락으로 구분하여 논술할 수 있다.

넷째, **축하바람의 말(祝颂语)**이다. 본문내용 아래 줄 바꾸어 2글자 들여쓰기 한다. 예를 들면 가장 일반적인 것은 '이만 줄입니다(此致)', '경례(敬礼!)'이다. '경례'는 '이만 줄입니다' 1줄 아래 줄맞춰 쓰고 뒤에 느낌표를 더한다.

다섯째, **낙관(落款: 서명, 날짜)**이다. '낙관'은 '축하바람의 말' 2줄 오른쪽에 치우쳐 쓰는 데 위에 서명을 쓰고 1줄 아래 줄맞춰 날짜를 쓴다.

만약 어떤 일을 잊어버린 나머지고 쓰지 못하였다면 날짜 2줄 아래에 2글자 들여쓴 후 '추신(附言, 又附)'이라 쓰고 다시 1줄 아래 아직 다하지 못한 일을 쓸 수 있다. 그 봉투, 내용 형식 및 해당 몇 가지 실례를 들면 다음 〈표-62〉, 〈표-63〉, 〈표-64〉, 〈표-65〉, 〈표-66〉, 〈표-67〉, 〈표-68〉, 〈표-69〉, 〈표-70〉, 〈표-71〉, 〈표-72〉, 〈표-73〉, 〈표-74〉, 〈표-75〉, 〈표-76〉 등과 같다.

〈표-62〉 봉투(信封) 형식

封面正面

发信人姓名
发信人地址

邮票

收信人姓名
(邮编:　　　)
收信人地址

〈표-63〉 서신형식(书信格式)

(称呼)亲爱的:
□□(问候语)您好!
□□【(正文)————————————————————————————
————————————————————————————————
————————————————————————————————
————————————————。】
□□(祝颂语)祝您阖家喜乐，身体健康!

□□□□□□□□□□□□□□□□□□□□(署名)您的学生 xxx 敬上
□□□□□□□□□□□□□□□□□□□□(日期)xxxx年 xx月 xx日

□□(附言)
□□————————————————————。

〈표-64〉 보통편지(普通信)[53]

刘凡同学：

你好！

我因双亲年老，不能同到远方读书，所以现在已转学到二中。我们两年同学，相处很融洽，这次忽然分别，当然有说不出的难受。况且你品行学问好，我平时向你请教甚多。转学以后，使我有些茫然无所适从，想到这里，心中很不好受，我猜想你了解我的心情，可是有什么办法呢？人生聚散无常，谁都免不了这一遭呀！

我们退一步想，人虽然住在两地，两颗心却把我们牵在一起，我们有的是笔，有的是纸，以后可以多多通信。徒然的悲伤，济得什么事？等候你第一次的回信！祝

你学习进步！

学友张民启

xxxx年 xx月 xx日

〈표-65〉 위문편지(慰问信)[54]

亲爱的妈妈：

您好！

您脱产到成都进修已经半年了，我非常想念您，在"三八"国际妇女节来临之际，我衷心地祝福您身体健康、工作顺心！

每当看到您眼角边那早早爬上来的细细的皱纹，我的内心深处就不由自主地涌上一股依恋之情，我多想说声："妈，您辛苦了。"不过在我眼里您那头乌黑的秀发，依然还是那么光彩照人，您那双秀美的眼睛，总是那么和蔼慈祥。也许您的外貌不再那么年轻，可是您的心却永远那么美丽、和善。

妈妈，我渐渐大了，回忆灿烂如花的童年往事，我感到充满了温馨。妈妈，您还记得我上学前班时中暑的那件事吧？那是一个骄阳似火的下午，几位同学约我到学校后面的"细滩"去"盖房子"。天热得像开了锅的水，叫人恨不得钻进冰箱。但是我们太贪玩了。顶着太阳，把那"房子"盖了一幢又一幢。正玩得起劲，突然我感到一阵头昏，虚汗直冒，同学们见我不对劲，赶紧把我送回家。我醒来时已经躺在医院的病床上，您和爸爸正守在我的身边，顿时一股暖流流遍全身。那次我病得可不轻，一住院就是一个多星期。在这一个多星期里您日日夜夜地守护在我的身边，有时我精神好一点您就给我补课。一个多星期下来，我的

53 https://image.baidu.com/search/index?tn=baiduimage&ps=1&ct=201326592&lm=-1&cl=2&nc=1&ie=utf-8&word=%E6%99%AE%E9%80%9A%E4%BF%A1%E6%A0%87%E5%87%86%E8%8C%83%E6%96%87

54 https://image.baidu.com/search/index?tn=baiduimage&ps=1&ct=201326592&lm=-1&cl=2&nc=1&ie=utf-8&word=weiwenxin%E6%A0%87%E5%87%86%E8%8C%83%E6%96%87

病完全好了，功课也一点没拉下，而您消瘦了不少。唉，妈妈，这么多年来，您为了我的健康成长不知操了多少心，费了多少力啊！

妈妈，我知道您对工作也很尽职、尽责。每天下班回来，不管多么的疲劳，您也要坚持做完剩下的工作。我知道这是您的优点，但我觉得您有时实在是太累了，这让我感到有些耽心。我真希望您能好好地休息一下，不要操劳过度了。

妈妈您也不必为我分心太多，我已经懂事了，在学习上和生活中我一定会争气，一定不 再给您增添太多的麻烦，我要用自己的实际行动来支持您的工作，报答您对我的养育之恩！

祝您节日愉快！

您的女儿
2012年 3月 2日

〈표-66〉 축하편지(祝贺信-1)[55]

○○会计学会：

获悉你会经过充分筹备，现已正式成立了。这是我市会计界的一件大喜事。我们谨向你会致以衷心的祝贺！

○○会计学会的成立，标志着我市财会战线在社会主义市场经济中起到了推动作用。敬祝你会在今后对提高我市会计科学研究水平，促进与西方会计接轨诸项工作做出更多的贡献。

此致
敬礼！

市教育学会
○○○○年 ○○月 ○○日

55 https://image.baidu.com/search/index?tn=baiduimage&ps=1&ct=201326592&lm=-1&cl=2&nc=1&ie=utf-8&word=%E7%A5%9D%E8%B4%BA%E4%BF%A1%E6%A0%87%E5%87%86%E8%8C%83

〈표-67〉 축하편지(祝贺信-2)[56]

> **电贺中技国际招标公司成立10周年**
>
> 中技国际招标公司：
>
> 值此中技国际招标公司成立10周年之际，谨致热烈祝贺。祝贵公司繁荣昌盛。愿贵我双方通过真诚合作，为中国农业发展起到更积极的作用。
>
> 农业部对外经济工作办公室
> ○○○○年 ○○月 ○○日

〈표-68〉 애도편지(哀悼信-1)[57]

> 亲爱的父亲大人：
>
> 你的音容和生前的教诲，女儿永远铭记在心中。愿天堂里的父亲好好为自己活着，我时常在梦中思念你。
>
> 女儿细凤敬拜

〈표-69〉 애도편지(哀悼信-2)[58]

> 深切悼念我亲爱的爸爸：
>
> 你还好吗？你是零五年七月二十二无情离开我们的，我总觉得一切还是昨天，女儿一直好想你，以前你来的梦我总回味不尽，今年一直没见你的梦，让我多次在梦中梦到你，见到你的笑脸，你永远活在女儿我的心中，爸爸！
>
> 孝女林子

56 위 주50)

57 https://image.baidu.com/search/index?tn=baiduimage&ps=1&ct=201326592&lm=-1&cl=2&nc=1&ie=utf-8&word=%E5%93%80%E6%82%BC%E4%BF%A1%E6%A0%87%E5%87%86%E8%8C%83

58 위 주52).

〈표-70〉 애도편지(哀悼信-3)[59]

缅怀爱妻余水仙：
仙人仙事有口皆碑，为伴为侣无微不至，永怀爱妻容颜在，心痛绵绵无绝期，今生有幸为伴侣，来世还求做夫妻。
对不起你的人罗晓东。

〈표-71〉 애도편지(哀悼信-4)[60]

亲爱的老公：
你在天堂还好吗？你离开我是那么突然，这么多年来，想你一直是我精神的寄托。我们的房子要拆迁了，等以后分了新房子再告诉你在哪儿。儿子现在上初二了，就是成绩不怎么样，但是还算听话。另外，全家人都好。你一定要快乐哦，今年中元节不能烧纸钱，只能在报纸上祭奠，愿你在天之灵保佑我们健康，快快乐乐！
你的老婆

〈표-72〉 애도편지(哀悼信-5)

赵故菩萨朴初先生之灵启:
赵先生本系出名门, 一生以佛弟为大乐, 典型常在, 功德无量, 名留寰宇, 众人所记。嗟乎! 其人不幸功成身殁, 远离尘世, 不遇且见, 岂不悲哉! 但愿人常久, 而先生享福, 卻 受命而逝, 令人痛心, 感慨不已。其实, 本人哀痛穷乎四处, 似有亡友之感耳。呜呼哀哉!
天长地久, 人生几时, 既生于世, 未免生死, 故无所住, 身依佛缘, 如何? 幸能在天之灵 , 早日归西, 宏扬佛法, 善积佛缘, 从尔有期。惟有含哀忍泪, 尽悼其灵, 恭述懿行, 伏维灵 鉴。奠仪备至, 拱手合掌, 我佛慈悲!
韩国全罗北道○○大学校 总长 ○○○ 泣启 庚辰年 五月 二十五日

59 위 주52).

60 위 주52).

〈표-73〉 애도편지(哀悼信-6)

哀启者:

先伯母耿夫人，系出名门，性情温淑。少时，勤习闺训，罔不通晓。后嫁，耿家当媳，管家内助，可谓贤母良妻矣。夫妻盟誓，白头偕老，不守其约，夫君先逝，呜呼痛哉!

夫人单身，养家糊口，为其儿女，不惜辛劳，献身养育，功高罔极，永垂不朽。可怜母心，其为人母，伟大伟大！至今，耿大夫人，随夫归天，呜呼哀哉!

惟有含哀饮泣，恭述懿行，伏望耿大夫人，必归西天，极乐旺盛。我佛慈悲，合掌!

○○○ 泣启
庚寅年正月十三日

〈표-74〉 표창편지(表扬信-1)[61]

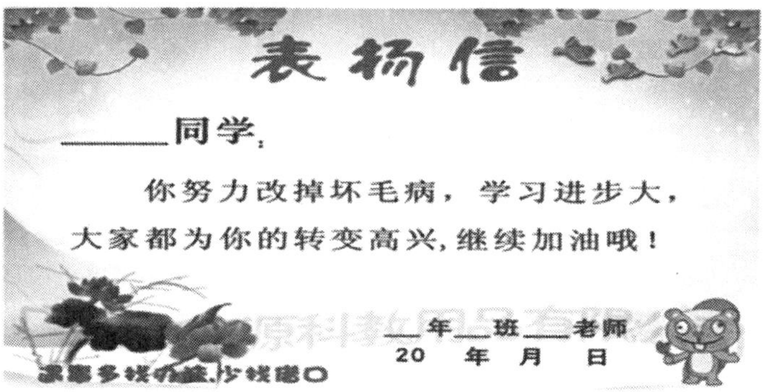

61 http://www.baidu.com/s?ie=utf-8&f=8&rsv_bp=1&rsv_idx=1&tn=baidu&wd=%E8%A1%A8%E6%89%AC%E4%BF%A1

〈표-75〉 표창편지(表扬信-2)[62]

〈표-76〉 부탁편지(请求信)[63]

受理编号：201109020004
信件票提：请求信
承办单位：○○县政府　　　来信人：○○○
提交时间：○○○○年 ○○月 ○○日　　　答复时间：○○○○年 ○○月 ○○日
尊敬的领导：

您好！

在您百忙之中打搅你真不好意思，我是沅陵县的一名待业青年，我当过兵，04年因家庭困难为给家庭减轻负担我放弃了读书选择当兵，在新疆服役五年，在部队成绩优异，领导也非常重视我，多次参加重大任务，也多次立功受奖，09年底我退伍回家，至今还是待业，之前去当兵也没有待安置卡，所以我恳请领导给予我安置份工作，谢谢！

此致

敬礼！

---

62 https://image.baidu.com/search/index?tn=baiduimage&ps=1&ct=201326592&lm=-1&cl=2&nc=1&ie=utf-8&word=%E8%A1%A8%E6%89%AC%E4%BF%A1

63 https://image.baidu.com/search/index?tn=baiduimage&ps=1&ct=201326592&lm=-1&cl=2&nc=1&ie=utf-8&word=qingqiu%E4%BF%A1%E6%A0%87%E5%87%86%E8%8C%83%E6%96%87

2.2 응용문의 실제(하)

'2.1 응용문의 실제(중) 2.1.2 기본형식' 부분에서 언급한 장문 '응용문'의 기본형식과 '무역서신'의 기본형식이 비슷하기에 참고하기 바란다.

2.2.1 무역서신

'무역서신'은 사무성(事务性) 서신에 속하는 것이다. 이 종류 서신의 내용은 한 계열의 업무연계범위를 포함하는 데 예를 들면 관계건립(建立联系), 견본요구(索取样品), 가격 묻기(询盘), 가격제시(发盘), 가격조정(还盘), 거래성립 서신(成交信), 계약서(合同书), 운송통지(装运通知), 신용장개설 서신(开立信用证函件), 배상서신(索赔信), 상업전보(商业电报) 등이다.

① 관계건립(建立联系)

'관계건립' 서신에 관한 실례를 들면, 다음 〈표-77〉과 같다.

〈표-77〉 관계건립(建立联系)[64]

○○公司:

我们从商会那里看到贵公司的名称及地址，得知你们有兴趣建立进出口商品的业务联系。如贵公司在本地尚无固定客户，希望考虑以本公司为交易伙伴。本公司原经营工业机械在本国的批发零售业务，由于最近在经营方面的变化，本公司在销售方面的政策也发生了变化。

笔者有多年的外贸经验，希望在世界各地建立适宜而持久的贸易关系。由于与生产厂家的长期直接联系，我们在许多行业中尤其是工业机械，是最有竞争力的。

我们也愿意从贵国进口一两种优良产品，以有竞争力的价格在美国销售，以期能够持续、长期占领市场。

我们希望聆听贵公司的意见、要求下建议，以及如何才能使双方协力合作，互惠互利。此外，本公司愿意以收取佣金为条件充当贵公司在美国的采购代理。恭候回音。

○○公司
○○○○年 ○○月 ○○日

---

64 https://image.baidu.com/search/index?tn=baiduimage&ps=1&ct=201326592&lm=-1&cl=2&nc=1&ie=utf-8&word=qingqiu%E4%BF%A1%E6%A0%87%E5%87%86%E8%8C%83%E6%96%87

② 견본요구(索取样品)

'견본요구' 서신에 관한 실례를 들면, 다음 〈표-78〉과 같다.

〈표-78〉 견본요구(索取样品)[65]

○○农业发展有限公司：

我公司于2002年4月10日向贵公司订购了高产A型甜椒种子，经向120家使用农户调查，反映比较理想。现我公司决定在原来的基础上增加经营的种类，希望向贵公司索取：

1. 高产B型甜椒种子50克
2. 引进型观赏椒种子50克
3. 改进型一代青椒种子20克。

为更好地掌握这些新品种菜椒的有关特性，希望在索取样品的同时能获得上述样品的图片和相关资料，以便我们获得相关参数。我们3个月后将根据这些样品信息反馈最终确定订购数量和品种，具体事项将在日后函告。

在此十分感谢贵公司对我公司的支持。请收到函件后尽快寄上样品，并在产品资料中注明各品种价格。

此致

敬礼

○○种子经营部(公章)

○○○○年 ○○月 ○○日

③ 가격 묻기(询盘)

'가격 묻기' 서신에 관한 실례를 들면 다음 〈표-79〉, 〈표-80〉 등과 같다.

〈표-79〉 가격 묻기(询盘-1)[66]

○○先生：

你好！

我们已获悉贵公司十月九日来信，以及单价5美元5000个的圣诞老人玩具的报价，非常感谢。通过你们随函附上的小册子，我们发现你们的产品质量很好，而且款式多样，肯定很受欢迎。但是，很抱歉，此价格远远高出我们的预算，而在我们可以在我们这个地方的另一

65 https://image.baidu.com/search/index?tn=baiduimage&ps=1&ct=201326592&lm=-1&cl=2&nc=1&ie=utf-8&word=%E7%B4%A2%E5%8F%96%E6%A0%B7%E5%93%81%E4%B9%A6%E4%BF%A1%E6%A0%87%E5%87%86%E8%8C%83%E6%96%87

66 https://image.baidu.com/search/index?tn=baiduimage&ps=1&ct=201326592&lm=-1&cl=2&nc=1&ie=utf-8&word=%E8%AF%A2%E7%9B%98%E4%B9%A6%E4%BF%A1%E6%A0%87%E5%87%86%E8%8C%83%E6%96%87

家公司以单价4.5美元的价格购进，所以很遗憾我们无法接受你方的报价。

如果贵方能够接受这个价格，我们将十分高兴给你们一综大批量的试订单。盼贵方及早回复告知接受。

○○○ 谨上
○○○○年 ○○月 ○○日

〈표-80〉 가격 묻기(询盘-2)[67]

敬启者：

我们从○○网站搜索得知贵公司是各种玩具的大出口商，如电动玩具、充气玩具、毛绒玩具等。我们在本地区是一家玩具的大经销商。

我们现在正寻找一位货源供应商作为我们的长期合作伙伴。我们想请你方寄给我们一本你方的产品目录单或样品单连同价表，同时报给我方你们到纽约的成本加保险费、运费最低价。如果你方具有竞争力，我方将向你方大量订货。望早日听到您的答复。

保罗・约翰逊 谨上
○○○○年 ○○月 ○○日

④ 가격제시(发盘)

'가격제시' 서신 작성에 관한 내용을 크게 3가지로 정리할 수 있다.

첫째, 각 항목의 주요 교역조건을 정확하게 천명하며 품명(品名), 규격(规格), 가격(价格), 수량(数量), 포장(包装), 운송(装运), 지불(付款), 보험(保险) 등 7대 요건을 포함한다.

둘째, 그 가격제시 유효기간 및 기타 약속조건을 밝혀야 한다.

셋째, 상대방이 상품을 주문하고 상품 제공의 만족을 보장해야 한다. '가격제시' 서신에 관한 실례를 들면, 다음 〈표-81〉과 같다.

67 위 주60).

〈표-81〉 가격제시(发盘)[68]

○○公司:

请根据客户来函要求，写一封发盘信，详细回答客户提出的问题，告知对方交易的基本条件，并敦促对方尽快做出决定，发盘有效期为一周。

交易的基本条件:

1. 保险：按发票金额加成10%投保一切险及战争险。
2. 支付方式：即期信用证。
3. 装运：五月底装运。

○○公司营业部
信函日期：○○○○年 ○○月 ○○日

⑤ 가격조정(还盘)

'가격조정' 서신에 관한 실례를 들면 다음 〈표-82〉, 〈표-83〉 등과 같다.

〈표-82〉 가격조정(还盘-1)[69]

○○公司:

贵方○○月○○日函悉。所报手拣去壳花生每公吨成本加运费到欧洲主要港口价人民币18 00元实在太高，难以做开。

近来美国花生加运费到欧洲主要港口价每公吨仅1700元，供应量很大，可以随便购买。因此，要求你方将价格减至与此相接近的水平，xx月船期。至于核桃仁，我方递价为每公吨2500元。其它条款如贵方上次来函所述。请告核桃仁的船期及包装情况。若同意我方上述递价，请速来电确认。

○○公司进出口部
信函日期：○○○○年 ○○月 ○○日

68 https://image.baidu.com/search/index?tn=baiduimage&ps=1&ct=201326592&lm=-1&cl=2&nc=1&ie=utf-8&word=%E5%8F%91%E7%9B%98%E4%B9%A6%E4%BF%A1%E6%A0%87%E5%87%86%E8%8C%83%E6%96%87

69 https://image.baidu.com/search/index?tn=baiduimage&ps=1&ct=201326592&lm=-1&cl=2&nc=1&ie=utf-8&word=%E8%BF%98%E7%9B%98%E4%B9%A6%E4%BF%A1%E6%A0%87%E5%87%86%E8%8C%83%E6%96%87

〈표-83〉 가격조정(还盘-2)[70]

○○公司： 谢谢你方○月○○日关于100辆"飞鸽牌"轻便车的订单，然而我们遗憾地认为有必要将其暂时存档，以供将来参考，因为目前我方难以接受订单。这主要是国内外对我生产的自行车需求甚殷，特别是由于近来的能源危机，西欧买主的订货量不断增加。 对于暂时不能接受你方订单，我们深表遗憾。然而，一旦供货情况好转，一定电告你方。 ○○公司进出口部 信函日期：○○○○年 ○○月 ○○日

⑥ 거래성립 편지(成交信)

'거래성립 서신'에 관한 실례를 들면 다음 〈표-84〉, 〈표-85〉, 〈표-86〉 등과 같다.

〈표-84〉 거래성립 편지(成交信-1)[71]

○○农业品进出口公司: 陕西周至苗木信息标题：农产品供求信息成交范例 发布时间：2010年4月20日 有 效 期：一个季度 内　容：2010年2月，双明村信息站蒲社利在"一站通"、"电子农务"、"周至农业网"等，发布菠菜信息，同山西搞蔬菜出囗经营的客商高经理139959○○○855和作，3月10日开始，大量收购双明村、富仁村及临村，菜农的菠菜，日收购50000斤，日价值8500元，调运山西菠菜共计500000斤，价值86000元。下图是现场收购图片： 联系方式：13032991916(蒲先生) ○○○○年○○月○○日

70 위 주63).

71 https://image.baidu.com/search/index?tn=baiduimage&ps=1&ct=201326592&lm=-1&cl=2&nc=1&ie=utf-8&word=%E6%88%90%E4%BA%A4%E4%BF%A1%E6%A0%87%E5%87%86%E8%8C%83%E6%96%87

〈표-85〉 거래성립 편지(成交信-2)[72]

○○月○○日王先生求购电磁炉，屯铺信息站在沣东新城农业信息网发布此信息后，于○○月○○日与西二环一家电器专卖店以399元的价钱成交，外赠炒锅、水壶、蒸锅3件物品。 发布日期：○○○○年 ○○月 ○○日

〈표-86〉 거래성립 편지(成交信-3)[73]

○○月○○日王女士求购电冰箱，屯铺信息站在沣东新城农业信息网发布此信息后，于○○月○○日与马王镇美的电器专卖店达成协议，上门送货，外赠一个炒锅，成交额2150元。 发布日期：○○○○年 ○○月 ○○日

⑦ 계약서(合同书)

'계약서' 서신에 관한 실례를 들면, 다음 〈표-87〉과 같다.

〈표-87〉 계약서(合同书)[74]

销售代理合同

合同编号: ________

甲方(被代理人): ____________

法定地址: ________________ 法定代理人: ________

电话: __________

---

72 위 주65)

73 위 주65)

74 https://image.baidu.com/search/index?tn=baiduimage&ps=1&ct=201326592&lm=-1&cl=2&nc=1&ie=utf-8&word=hetongshu%E6%A0%87%E5%87%86%E8%8C%83%E6%96%87

乙方(代理人): ____________
身份证号码: ____________　　通讯地址: ____________
电话: ____________

甲乙双方本着自愿、平等、互惠互利、诚实信用的原则，经充分友好协商，就乙方销售代理甲方欢跃数码游戏推广平台上所有游戏产品的相关事宜，订立如下合同条款，以资共同恪守厉行。

一、代理区域

乙方的代理区域为: 中国大陆　地区

二、代理产品

乙方代理销售甲方的产品为: 欢跃数码游戏推广平台上所有游戏

三、代理期限

1. 本合同的代理期限为: 从从本合同签订之日起3年内有效。双方可根据本合同的约定提前终止或续期。

2. 乙方要求对本合同续期的，应至少本合同期限届满前提前 6 个月向甲方通过甲方制定的方式提出申请，经甲方同意，与乙方签订续期合同。

○○○公司(公章)
○○○○年○○月○○日

⑧ 운송통지(装运通知)

'운송통지' 서신에 관한 실례를 들면, 다음 〈표-88〉과 같다.

〈표-88〉 운송통지(装运通知)[75]

装运通知函

○○○先生：

贵公司第74号订购函所订30台打印机，已于○○月○○日交付托运，预计一周后到达○○市。30台打印机分三箱包装，每箱上均标有▲标记。

兹随函附寄下列装运单据，以便贵公司在货物抵达时顺利提货:

75 https://image.baidu.com/search/index?tn=baiduimage&ps=1&ct=201326592&lm=-1&cl=2&nc=1&ie=utf-8&word=zhuangyuntongzhi%E6%A0%87%E5%87%86%E8%8C%83%E6%96%87

1.我方第x号发票一份
2.第〇号货运提单一份
3.第〇号装箱单一份
4.第〇号保险单一份
5.第〇号检验单一份
感谢贵公司对我公司的支持，希继续来函询价、订购。

〇〇电脑公司
〇〇〇〇年 〇〇月 〇〇日

⑨ 신용장개설 서신(开立信用证函件)

'운송통지 서신'에 관한 실례를 들면 다음 〈표-89〉, 〈표-90〉 등과 같다.

〈표-89〉 신용장 흐름도(信用证流程图)[76]

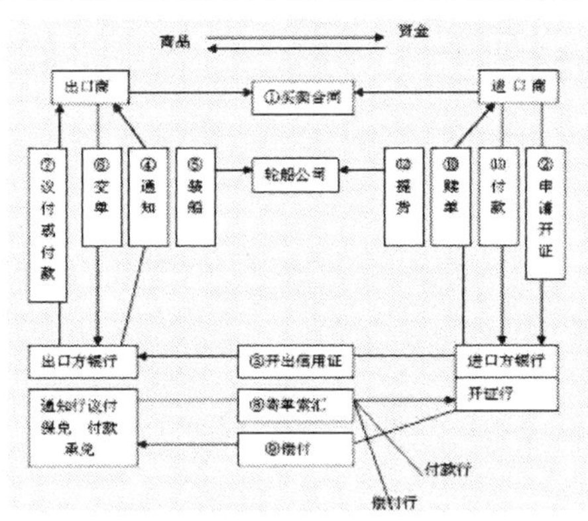

76 https://image.baidu.com/search/index?tn=baiduimage&ps=1&ct=201326592&lm=-1&cl=2&nc=1&ie=utf-8&word=%E5%BC%80%E7%AB%8B%E4%BF%A1%E7%94%A8%E8%AF%81%E5%87%BD%E4%BB%B6

〈표-90〉 신용장개설 서신(开立信用证函件)[77]

20 May 2000
Kee & Co., Ltd
34 Regent Street London, UK

Dear Sirs:

______先生:

We would like to place an order for 500 Irina 262 electric typewriters at your price of US$300 each, CIF Lagos, for shipment during July/August.

本公司欲以贵公司报价条件，以每台300美元价格（拉哥斯到岸价），订购500台伊琳娜262型号电动打字机，于七至八月装运。

We would like to pay for this order by a 30-day L/C. This is a big order involving US$150,000 and, since we have only moderate cash reserves, tying up funds for three or four months would cause problems for us.

是项交易款额高达150,000美元，本公司只是适量现金储备，占用资金三、四个月将造成麻烦，故建议以三十日有效期的信用证付款。

We much appreciate the support you have given us in the past and would be most grateful if you could extend this favour to us. If you are agreeable, please send us your contract. On receipt, we will establish the relevant L/C immediately.

承蒙贵公司一向照顾，若能继续给予优惠，本公司感激不忘。如同意上述建议，烦请赐寄合约，即开立信用证。

Yours faithfully,
Tony Smith
Chief Seller
销售部主任
托尼.斯密思谨上
2000年5月20日

⑩ 배상서신(索赔信)

'배상서신'에 관한 실례를 들면, 다음 〈표-91〉과 같다.

77 위의 주38)과 같음

〈표-91〉 배상서신(索赔信)[78]

○○○○有限公司： 请参考送到我办公室的部分有关电脑系统故障的资料，而这套电脑系统是○○公司向贵公司购买后，转卖给本公司的。我了解(而且又与贵公司的执行代表○○先后确认过) xx电子公司曾提供给泰利xx公司一份保险单据。根据保险单据的内容来看，事实上像这样的故障情形发生，保险公司应赔偿泰利○○公司的损失。因此，我们要求贵公司能出面解决这项问题。请立即来函确认贵公司曾代表泰利xx公司向保险公司交涉，处理此事。 ○○公司财务部 ○○○○年○○月○○日

⑪ 상업전보(商业电报)

‘상업전보’는 가격제시, 두 번째 가격제시, 답신 독촉, 거래성립, 신용장 개설 독촉, 운송 및 기타 사항 등 상업 업무에서 진행하는 서신 교류활동 중간에 채택하는 통신 방식인 까닭에 전문성이 강하고 전문용어가 많으며 그 작성은 자신만의 습관이 있기 마련이다. 하지만 Telegram식의 ‘상업전보’ 보다 오히려 컴퓨터 인터넷 상의 E-mail(邮件)을 발송하는 방식이 갈수록 보편화되고 있다.

3. 논문(论文)

‘논문’은 과학적 연구와 과학연구 성과를 묘사 서술하는 문장인 데 약칭하여 부른 것이다. 즉 문제를 탐구 토론하여 과학연구를 진행하는 일종의 수단일 뿐 아니라 과학연구 성과를 묘사 서술하여 학술교류를 진행하는 일종의 도구이다. 졸업논문(毕业论文), 학위논문(学位论文), 학술논문(学术论文: 과학기술논문科技论文, 성과논문成果论文) 등을 모두 포함하여 ‘논문’이라 총칭한다.

78 https://image.baidu.com/search/index?tn=baiduimage&ps=1&ct=201326592&lm=-1&cl=2&nc=1&ie=utf-8&word=%E7%B4%A2%E8%B5%94%E4%BF%A1%E6%A0%87%E5%87%86%E8%8C%83%E6%96%87

3.1 논문의 종류

논문의 작성 규칙과 특징을 장악하기 위해 그 분류의 진행은 필수적이다. 논문 자체의 내용과 성질 그리고 연구영역, 대상, 방법 및 표현방식이 다른 까닭에 그 분류 방법도 다르다. 그 내용 성질과 연구방법이 다름에 따라 논문을 이론성 논문(理论性论文), 묘사서술성 논문(描述性论文), 실험성 논문(实验性论文)과 설계성 논문(设计性论文) 등으로 나눌 수 있다. 이밖에도 종합형의 분류방법이 있는데 전문 주제형(专题型), 논변형(论辩型), 종술형(综述型)과 종합형(综合型) 등 4종류로 나눌 수도 있다. 이 가운데 '종합형' 논문종류에 대해 간단히 열거하면, 다음 〈표-92〉와 같다.

〈표-92〉 '종합형' 논문

논문유형	논문 성격과 방법	비고
전문 주제형 논문	이것은 선행연구 성과의 분석을 바탕으로 직접 논술하는 형식으로 의견을 발표하며 정면으로 어떤 학과영역 중의 어떤 한 가지 학술문제를 제기하는 일종의 논문.	•선행연구 결여 •처음 시도
논변형 논문	이것은 다른 사람의 어떤 학과영역 중에 어떤 한 가지 학술문제 의견에 대해 충분한 논거를 기반으로 그 부족하거나 잘못 된 곳을 들춰내는 데 치중하며 논변형식을 통해 견해를 발표하는 일종의 논문.	•선행연구 부족, 잘못
종술형 논문	이것은 과거나 현재 연구자가 어떤 학과영역 중의 어떤 한 가지 학술문제에 대해 이미 있는 연구 성과를 귀납, 총결하는 기초위에 나아가 소개하고 평론하며 이로부터 자신의 견해를 발표하는 일종의 논문.	•선행연구 정리, 재정리 •견해피력
종합형 논문	이것은 일종의 종술형과 논변형 2종류 형식을 유기적으로 결합해 내 작성한 일종의 논문.	•전문가 수준

논문의 내용과 성질에 따라 질적(质的) 지표를 중시하기도, 양적(量的) 지표를 중시하기도, 질적·양적 지표를 모두 중시하기도 한다.

3.2 논문의 형식 및 요구

'논문'은 일반적으로 제목명칭(题名), 저자(作者), 목록(目录), 요약(摘要), 주제어(关键

词), 논문본문(正文), 참고문헌(参考文献)과 부록(附录) 등 부분으로 구성되는데 그 중의 부분 구성(예를 들면 부록)은 있어도 없어도 되는 것이다. '논문'의 구성배열은 제목명칭, 저자, (목록), 요약, 주제어, 영문 제목명칭, 영문요약, 본문, 참고문헌(과 부록 및 감사의 말致谢) 등 순서이다.[79] 그 형식에 따라 요구되는 규범을 정리하면 다음과 같다.

3.2.1 제목명칭

① 제목명칭 쓰는 요령

'제목명칭'은 마땅히 간단 명료, 구체적, 확실 적절하고 논문의 특정한 내용을 개괄할 수 있으며 주제어 선정에 도움이 될 뿐 아니라 편제 목록, 색인과 검색의 관련 원칙에 부합해야 한다.

② 제목 선정에 주의할 사항

제목은 전체 논문, 논지를 충분히 고려하여 선정하며 다음 몇 가지에 주의해야 할 것이다.

첫째, '제목명칭'은 짧은 한 마디 문구로 주요형식을 삼는 데 명사구조가 가장 흔히 보인다. 즉 '제목명칭'은 기본적으로 1개, 몇 개의 명사 앞에 관형어를 더해 구성하거나 짧은 한 마디 문구 유형의 제목명칭은 중심어를 확정하고 다시 수식을 진행한다. 각 어휘의 순서가 매우 중요한 데 그 순서가 합당하지 않으면 표현전달의 오류를 불러올 것이다.

둘째, 일반적으로 서술문을 사용하지 않아야 한다. 왜냐하면 '제목명칭'이 주로 표시작용을 일으키는 데 서술문은 쉽게 '제목명칭'이 판단식의 어의를 지녀 군더더기 없이 깔끔하거나 눈에 뜨일 수 없기 때문이다.

셋째, 해외 과학기술 저널은 일반적으로 '제목명칭'의 글자 수에 대한 제한이 있는

---

79 우리말 논문의 구성배열 즉 단편논문은 제목, 저자, 목록, 본문(서론, 본론, 결론 포함), 참고문헌, 요약, 영문요약, 주제어, Key words(영문주제어) 등 순서이고 장편(졸업, 학위)논문의 경우 제목, 저자, 요약, 영문요약, 주제어, Key words(영문주제어), 목록, 본문(서론, 본론, 결론 포함), 참고문헌(및 부록) 등 순서이다.

데 어떤 경우 '제목명칭'이 2줄을 초과하지 않아야 하고 매 줄은 42개 인쇄부호와 공백을 초과하지 않아야 한다고 규정한다. 어떤 경우 '제목명칭'이 14개 어휘를 초과하지 않아야 한다고 요구한다.

3.2.2 저자

① 저자서명 쓰는 요령

저자서명은 제목명칭 아래 배치하고 복수저자는 첫 페이지 제목명칭 아래 배치하거나 페이지 맨 아래 각주란 위치에 '주' 표기할 수도 있다. 어떤 때는 저자 성명을 본문 말미에 '주' 표기할 수도 있다.[80]

예를 들면, ○○○ ○○○

(韩国○○大学 进修教育学院 益山 570749; 南京金陵科技学院人文学院 南京 210038)

② 저자 및 그 소속명칭 번역에 주의할 사항

저자 및 그 소속명칭 번역 상에 있어 몇 가지 주의해야 할 사항이 있는 데 열거하면 다음과 같다.

첫째, 저자 성명을 영어로 번역할 때 중국어 병음 법에 따라 표기하는 데 성이 앞 이름이 뒤 순서를 채택하고 그 사이는 공백이며 성씨의 영문 자모를 모두 대문자로 표기한다. 복성(复姓)의 경우 연이어 표기한다. 이름의 첫 자모는 대문자로 표기하고 복수 글자이면 그 사이에 가로줄(连字符 '-')을 더하고 성씨와 이름 모두 축소해서 표기하지 않는다.

둘째, 소속명칭을 축소해서 표기하지 않아야 하고 작은 것부터 큰 것까지 완전하게 표기하며 지역과 우편번호(邮政编码)를 표기하여 연락에 편리해야 한다.

③ 목록

'목록'은 논문 중 중요한 단락 내용을 개괄하는 소제목의 간단한 표이다.(단편 논문

---

80 우리말 논문의 경우 제목명칭 아래 배치하고 아래 각주란 위치 맨 윗줄에 소속, 신분을 표기한다.

은 목록을 열거할 필요 없음)[81]

3.2.3 요약

'요약' 즉 '내용요약'은 논문에 대한 종합적인 소개인 데 다른 사람들이 논문에서 천명 서술한 주요내용을 이해할 수 있도록 짧고도 정교하며 완전해야 한다. 글자 수가 적으면 몇 십자, 많아도 300(500자, 학위논문의 경우 500-850자)를 초과하지 않아야 마땅하다. 논문을 발표한 후 '요약'는 독자가 될 수 있는 대로 빨리 논문의 주요 내용을 이해하도록 하는 것이기에 그 질적 수준의 고저가 직접적으로 논문의 검색율과 인용율에 영향을 미친다. 그 작성 규범과 주의 사항은 다음과 같다.

① 요약 쓰는 요령

'요약'은 논문의 내용에 대해 주석이나 평론을 더하지 않은 간단한 서술인 데 핵심적으로 연구의 목적, 방법과 최종 결론 등을 설명하도록 요구하고 중점은 결론이며 한 편의 독립성과 완전성을 지닌 단문으로 인용, 확대 탐독하도록 한다.

② 요약 쓰기에 주의할 사항

'요약'를 쓸 때 주의할 상항을 크게 5가지로 정리할 수 있는 데 다음과 같다.

첫째, 간단히 중복된 제목명칭 가운데 이미 지닌 정보를 얻을 수 없고 인용 중에 나타난 내용을 '요약'에 써 넣는 것을 피하며 소제목(목록)이나 논문 결론 부분의 문장을 그대로 옮기거나 논문내용을 재해석하지 말아야 한다.

둘째, 될 수 있는 대로 문장서술을 채택하고 문장 중의 수치를 '요약' 중에 열거하지 않는다. 문장은 간결하도록 마땅히 해당 학과 영역에 이미 상식이 된 내용을 배제하고 의미 없거나 필요치 않은 글자를 삭제해야 한다. 논문 내용의 논증설명 전개가 적합하지 않기에 예를 들어 증명하지도 연구과정을 소개하지도 말아야 한다.

셋째, '요약'한 내용이 반드시 완전해야하기에 논문 중에 천명 서술한 주요내용이나 관점을 빠뜨릴 수 없고 한 편의 독립적으로 사용할 수 있는 단문으로 작성해내야 한다.

---

81 우리말 논문의 경우 단편논문이라 할지라도 목록을 열거해야 한다.

넷째, '요약'은 일반적으로 단락을 구분하지 않으며 배열방식 글쓰기를 삼가야 한다. 서술이 객관적어야 하는 까닭에 연구과정, 방법과 성과 등에 대해 주관적인 평가를 하는 것도, 다른 사람의 연구와 대비 설명하는 것도 마땅하지 않다.

다섯째, 위 중문 요약 작성 상의 주의할 사항은 영문 요약에 적용할 수 있지만 영문의 경우 그 자체의 표현전달 방식, 언어습관이 있어 그 요약을 작성할 때 특별히 주의해야 한다.

3.2.4 주제어

① 주제어 쓰는 요령

'주제어'는 논문주제 개념의 어휘나 어휘의 조합을 반영한 것이며 흔히 본문과 다른 글자체, 크기로 요약 아래쪽에 배열한다. 일반적으로 매 편의 논문에서 3-8개[82]를 선택할 수 있고 여러 개의 주제어 간에 간격구분 부호나 뚠하오(顿号: ';'나 '、')를 더하며 어휘조합의 외연(개념범위) 단계에 따라 관련성이 큰 것부터 작은 것까지 순서로 배열한다. '주제어'는 일반적으로 명사성 어휘나 어휘의 조합이지만 개별적 상황 아래 동사성 어휘나 어휘의 조합도 있다.

영문 주제어의 경우, 중문 주제어와 대응하는 영문 주제어를 표기해야 한다. 중문을 위에 영문을 아래 배열한다. 중문 주제어 앞에 '关键词: '나 '[关键词]'로 표시하고 영문주제어 앞에 'Key words: '로 표시한다.

② 주제어 선정 방법

'주제어'의 일반적인 선택방법은 저자가 논문작성을 마친 후 그 제목명칭, 단계별 표제와 본문(출현 빈도가 비교적 높거나 핵심적인 어휘) 중으로부터 선별해낸다.

3.2.5 논문본문

① 서론

'서론(序论、绪论)'은 다시 '서언(序言、绪言)', '끌어들이는 말(引言)', '이끄는 말(导言)'과

82 우리말 논문의 경우 5-6개를 선택할 수 있다.

'인연을 시작하며(缘起)'라 부르며 논문의 시작부분에 사용한다. 그것은 보통 개괄적으로 저자의 의도를 써내는 데 편폭이 작지만 잘 짜여 힘차며 긴밀하게 주제와 꼭 들어맞도록 제목 선정의 목적과 의의를 설명하는 가운데 논문 작성의 범위를 제시한다.

② 논문본문

본문은 논문의 주체(主体)이며 **논점(论点)**, **논거(论据)**, **논증(论证)**과정과 **결론(结论)**을 포함해야 한다. 주체 부분은 다음 4가지 내용들을 포함해야 한다.

첫째, **문제제기** 즉 논점이다.

둘째, **문제분석** 즉 논거와 논증이다.

셋째, **문제해결** 즉 논증방법과 진행순서(단계, 절차)이다.

넷째, 결론이다.

단계가 분명하고 맥락이 뚜렷하도록 하기 위해 흔히 본문 부분을 몇 개의 단락으로 구분한다. 이러한 단락 즉 논리단락이라 부르는 데 1개의 논리단락이 몇 개의 부분 논리단락을 포함할 수 있고 1개의 부분 논리단락이 1개나 몇 개의 자연단락을 포함할 수 있으며 본문이 약간의 단계를 형성할 수 있게 한다. **논문 단계**가 과도한 것은 마땅하지 않으며 일반적으로 **5단계를 초과하지 않아야** 할 것이다.

3.2.6 참고문헌

논문의 '참고문헌'은 연구와 작성과정 중에 참고하거나 인증한 중요 문헌자료이며 논문의 말미에 열거한다. '참고문헌'은 마땅히 페이지를 넘겨 열거하고 표기방법은 "GB7714-87문 후 참고문헌 기록규칙(文后参考文献著录规则)"에 따라 진행한다.

中文: 标题–作者–出版物信息(版地、版者、版期)

英文: 作者–표제标题–出版物信息

① 열거 참고문헌의 요구

정식 출판물이어야 독자의 고증이 편리하고 순서번호(序号), 저작(著作), 제목(标题), 저자, 출판물 정보를 분명하게 표시해야 한다는 것이다.

② 참고문헌 열거의 예

'참고문헌'을 크게 4가지 성격에 따라 분류하고 그 관련 예를 열거하면 다음과 같다.

첫째, 전문저서(专著[M]), 논문집(论文集[C]), 학위논문(学位论文[D]) 등이다.

[序号] 主要责任者,《文献题名》[文献类型标识], 出版地: 出版社, 出版年。

[1] 周振甫,《周易译注》[M], 北京: 中华书局, 1985。

[2] 陈送,《五四前后东西方文化问题论战文选》[C], 北京: 中国社会科学出版社, 1985。

[3] 陈桐生,《中国史官文化与史记》[D], 西安: 陕西师范大学文学研究所, 1992。

둘째, 보고서(报告 [R]), 기간논문(期刊论文 [J]) 등이다.

[序号] 主要责任者,《文献题名》[文献类型标识], 出版地: 出版社, 出版年(《刊名》, 年, 卷期)。

[4] 周振甫白永秀·刘敢·任保平,〈西安金融、人才、技术三大要素市场培育与发展研究〉[R], 西安: 陕西师范大学西北经济研究中心, 1998。

[5] 姜声调·吴海燕,〈从广义的语法角度看对外汉语教材之错误〉[J], (《社会科学评论》, 2008. 9, 第3期)

셋째, 논문집 중의 추출해낸 문헌(析出文献 [A])이다.

[序号] 析出文献主要责任者,〈析出文献题名〉[文献类型标识], 原文献主要责任者, (《原文献题名》[文献类型标识], 出版地: 出版社, 出版年)。

[6] 瞿秋白,〈现代文明的问题与社会主义〉[A], 罗荣渠, (《从西化到现代化》[C], 北京: 北京大学出版社, 1990)。

넷째, 신문(报刊[N]) 중의 문장이다.

[序号] 主要责任者,〈文献题名〉[文献类型标识], (报纸名, 出版日期/版次)。

[7] 谢希德,〈创造学习的新思路〉[N], (人民日报, 1998-12-25/10)。

3.2.7 감사의 말

한 항목의 과학연구 성과나 기술창조가 흔히 독자적인 한 사람이 완성해낼 수 있는 것은 아니어서 각 방면의 인적, 물적, 심리적 지지와 도움이 필요하기도 하다. 따라서 수많은 논문의 끝부분에 '감사의 말'을 덧붙인다. 주로 논문 완성기간에 받은 도움에 대해 감사를 표시하는 데 이것이 학술계의 겸손과 예의를 표시하는 일종의 방법이라 할 수 있다.

3.3 논문 작성법

'논문'의 작성을 크게 4단계 과정으로 구분하여 진행할 수 있는 데 그 단계별 과정을 열거하면 다음과 같다.

3.3.1 논문작성 1단계

논문작성의 '1단계(第一步伐)'는 제목선정(选定题目), 자료수집(搜集资料), 목록배열(编排目录) 등 3부분이다. 자료 수집은 다시 그 수집정리(搜集整理), 연구 분석(研究分析), 귀납조직(归纳组织) 등 3부분을 포함 것이다. 해당 1단계 부분을 정리하면, 다음 〈표-93〉과 같다.

〈표-93〉 논문작성 1단계 관련내용

구분	논문작성 1단계 관련 내용	비고
제목선정(选定题目)	자신의 관심, 흥미, 능력을 고려한 선정	수집정리, 연구 분석, 귀납조직
자료수집(搜集资料)	제목에 집중하여 자료를 수집	
목록배열(编排目录)	자료를 검토한 후 목록을 배열	

3.3.2 논문작성 2단계

논문작성의 '2단계(第二步伐)'는 조직구성(组织构成), 내용분배(分配内容), 내용논술(论述内容) 등 3부분이다. 해당 2단계 부분을 정리하면, 다음 〈표-94〉와 같다.

〈표-94〉 논문작성 2단계 관련내용

구분	논문작성 2단계 관련 내용	비고
조직구성(组织构成)	제목의 중심논점과 관련 부분논점	
내용분배(分配内容)	제목과 내용이 일치하도록	
내용논술(论述内容)	논점에 대한 논거를 들어 증명하고 논술	

논문의 주체인 본론을 기술해가는 단계인 데 그 작성방법은 다음과 같다.

① 본론 작성법

'본론'은 논문의 주체부분이고 문제를 분석하고 관점을 논증하는 중요부분이며 가장 저자의 연구 성과와 학술 수준을 잘 나타내는 핵심적 부분이다.

논문 한 편의 품질이 좋고 나쁨은 본론 부분을 어떻게 작성했는가에 따라 결정되는 것이다. 본론부분의 요구는 크게 3가지이다.

첫째, 논증 부분이기에 설득력이 강해야한다.

둘째, 구조가 엄밀하며 사리가 분명해야 한다.

셋째, 관점과 재료가 서로 통일되어야 한다.

② 논증방법

논증이 충분하면 설득력이 강한 데, '본론' 부분의 가장 중요한 임무는 조직적인 논증이며 사리로 다른 사람을 설득하는 것이다. 저자가 온갖 방법으로 자신의 관점이 정확한 것, 믿을 수 있는 것이라 증명해야 한다. 이를 위해 반드시 논점을 중심으로 논거를 활용하여 충분한 논증을 전개해야 한다. 논증이 바로 유용한 논거로 논점을 증명하는 정확성이나 상반되는 논점의 잘못을 증명하는 과정과 방법이다. 논제의 성질로부터 보면 논증을 다시 정론과 반론 2종류로 구분할 수 있다.

첫째, 입론(立论) 즉 '정론(正论)', '찬론(赞论)'이라 부르는 데 정면으로 자신의 관점을 천명 서술하고 그 정확성을 증명함으로써 논점을 확립해내는 과정이 바로 '입론'이며 '증명'이라고도 부른다. 흔히 사용되는 증명방법은 대체로 4가지가 대표적이다. 구체적으로 열거하면, 다음 〈표-95〉와 같다.

〈표-95〉 입론의 증명방법

구분	입론의 증명방법 관련 내용	비고
예증법 (例证法)	'예증법'은 일종의 사실로 논거를 삼아 예를 들어 설명하는 논증방법이며 바로 흔히 말하는 '사실을 벌여 놓는다'는 것이다. 사실이 웅변(雄辩)보다 낫아 사실이 말하게 하는 이것이 가장 흔히 사용하고 유효한 논증방법이다. '예증법'을 활용하여 논증을 진행하려면 사례가 전형적이고 수치가 확실하며 서술하는 언어가 간단명료하여 핵심적이어야 한다.	
인증법 (引证法)	'인증법'는 고전작가의 언론(言论), 권위 있는 인사의 관점과 이론, 과학상의 원리(公理)와 법칙(定律) 등이나 또는 기타 격언(格言), 속담(谚语), 명언(名言), 경구(警句) 등을 인용해서 자신의 관점을 증명하는 논증방법이며 '사리논증(事理论证)'이라 부르기도 한다. 채택한 '인증법'에서 인용한 문장은 저자의 원래 의미에 충실해야 하며 문장의 일부를 끊어서 저자의 본의와 달리 제멋대로 사용할 수 없는 것이다. 인용한 문장은 간결하고 대 단락의 인용, 주객전도를 피해야 한다. 인용한 문장에 대해 약간의 명백히 설명해야지 인용을 마치자마자 곧 간단히 결론을 내리지 않아야 한다.	
분석법 (分析法)	'분석법'은 하나의 비교적 복잡하고 방대한 사물이나 사리를 분해해서 약간의 부분으로 만든 후 일일이 고찰의 논증방법을 더하는 것이다. 언급한 사물이나 사리에 대한 분석, 투시를 통해 그 중에 함축된 도리나 규칙을 발굴함으로써 논점을 잘 증명하고 이렇게 인증사리 각 단계의 분석을 거쳐 기존 체제의 폐단이 밝게 드러나도록 반면으로부터 중심논점을 잘 증명할 수 있다.	
추리논증법 (推理论证法)	추리는 바로 1개나 몇 개의 이미 알고 있는 판단으로 1개의 새로운 판단을 유추해내는 사유과정이다. '의론문'과 논리추리는 분리할 수 없는 관계이다. 문장 전체에서 보면 완전한 논증과정도 귀납(归纳), 연역(演绎)이나 유별 비교추리의 과정이며 문장 부분에서 보면 각 논증 단계 중에도 이러한 추리형식을 채택할 수 있다.	

입론논증의 방법은 이상 몇 종류를 이외에도 인과논증(因果论证), 대비논증(对比论证), 비유논증(比喻论证) 등이 있는 데 여기서 일일이 다 소개하지 않을 것이다.

둘째, 반론(驳论) 즉 '반박론(反驳论)'은 반대 논점의 반박을 통해 그것이 잘못되고 황당하게 그릇된 것이라 증명함으로써 자신의 관점이 정확한 것이라 증명하는 일종의 논증방법이다. '반론'을 반론 논점(驳论点), 반론 논거(驳论据)와 반론 논증(驳论证) 3 종류로 나눌 수 있다. 흔히 사용되는 반론방법에 직접반박(直接反驳), 반증법(反证法), 귀류법(归谬法) 등이 있다. 구체적으로 열거하면, 다음 〈표-96〉과 같다.

〈표-96〉 반론의 증명방법

구분	반론의 증명방법 관련 내용	비고
직접반박 (直接反驳)	'직접반박'은 바로 논거나 추리를 활용하여 직접 반대 논점이 잘못된 것이라 증명하는 방법이다.	
반증법 (反证法)	상대방의 논점이 잘못된 것이라 증명하기 위해 먼저 그와 모순되는 다른 한 논점이 정확한 것이라 증명할 수 있는 데 이것이 바로 '반증법'이다. 정면의 논점을 제기한 후 고금의 사실을 활용하여 그 하나의 논점이 정확한 것이라 증명함으로써 반면의 논점을 반박하여 굴복시킬 수 있다.	
귀류법 (归谬法)	먼저 상대방의 논점이 옳다고 가정한 후 그것을 전제로 1개의 분명히 황당하게 그릇된 결론을 추론해냄으로써 상대방 논점이 잘못된 것이라 증명하는 것이다. 그러나 아쉬운 것은 이 종류가 현실에서 아직 존재하지 않으며 그 재료도 현실세계에 아직 없다는 것이다. 논증이나 반박의 방법이 아주 많지만 결국 어느 1종이나 몇 종을 사용해서 논증의 실제수요에 근거하여 확정해야 한다. 일반적으로 말해 단순하게 단지 1종의 논술방법을 사용하는 것은 아주 적게 보이는 데 대다수 상황에서 몇 종의 논증이나 반박 방법을 결합해야 좋은 논증 효과를 거둘 수 있다.	

3.3.3 논문작성 3단계

논문작성의 '3단계(第三步伐)'는 결론부분인 데 전체 논문을 종합정리(综合整理全文)하고 연구 성과를 열거(列出研究成果)해내며 연구에 대해 제언(提出研究建议)한 후 마지막으로 후속연구에 대한 방향을 제시(对后续研究要有指路)하는 것이다. 해당 3단계 부분을 정리하면, 다음 〈표-97〉과 같다.

〈표-97〉 논문작성 3단계 관련내용

구분	논문작성 3단계 관련 내용	비고
전체 논문의 종합정리 (综合整理全文)	전체 논문을 종합적으로 정리	
연구 성과의 열거 (列出研究成果)	논문에서 연구를 통해 얻어낸 성과를 열거	
후속연구의 기대 (对后续研究要有指路)	후속연구에 대한 방향을 제시하고 기대	

① 결론 작성법

'결론'이 엄밀하고 사리가 분명해야 한다. 본론의 편폭이 길거나 내용이 방대하거나 단계가 비교적 많거나 실마리가 뒤섞여 번잡할 수 있는 데 만약 일정한 차례에 따라 문장내용을 안배하지 않는다면 단계가 분명하지 않고 구조가 혼란하여 크게 표현전달의 효과를 떨어뜨릴 수 있다.

② 결론의 구조형식

단계 간의 다른 관계에 근거하여 '결론' 부분의 구조형식을 병렬식, 점층식과 혼합식 등 3종의 유형으로 구분할 수 있다. 구체적으로 열거하면, 다음 〈표-98〉과 같다.

〈표-98〉 결론의 구조형식

구분	결론의 구조형식 관련 내용	비고
병렬식구조(并列式结构)	'평열식구조(平列式结构)'나 '횡식구조(横式结构)'라 부르기도 한다. 그 특징은 중심논점을 중심으로 몇 개의 부분 논점과 단계로 구분하고 각 부분논점과 단계가 평행하게 배열되며 각기 다른 각도, 측면으로부터 중심논점을 논증하여 논문이 일종의 대개 부분논점에 치우치거나 나란히 나아가는 형국을 나타낸다.	
점층식구조(递进式结构)	'추진식구조(推进式结构)'나 '종식구조(纵式结构)'라 부르기도 한다. 논증이 필요한 문제에 대해 한 단계 한 단계 깊은 형식을 채택하여 구조를 안배하고 단계 사이에 일종의 단계단계 전개하며 걸음걸음 깊이 들어가는 논리 관계를 나타냄으로써 중심논점이 인상 깊고 투철한 논증을 거치도록 한다.	
혼합식구조(混合式结构)	'병렬점층식구조(并列递进式结构)'나 '종횡교차식구조(纵横交叉式结构)'라 부르기도 한다. 몇몇 논문의 단계 관계는 특별히 복잡하여 단지 한 종류의 단일한 구조형식을 사용할 수 없는 까닭에 병열식과 점층식을 결합해낸 일종의 혼합적 구조형식의 형식이 필요하다. 혼합식구조에 2종류 형식이 있다. 하나는 병렬과정 중에 점층를 전개하는 것이고 다른 하나는 점층과정 중에 다시 병렬을 전개하는 것이다. 내용이 과다하거나 사리가 분병하지 않음을 피하기 위해 본문을 논술할 때 흔히 각 단계 전에 소제목(小标题), 순번(序码), 공백 줄(空行) 등 약간의 외재적 표식을 더할 수 있다.	

3.3.4 논문작성 4단계

논문작성의 '4단계(第四步伐)'는 서론 부분인 데 그 주요 임무는 독자에게 전체 논문의 기본적인 내용과 윤곽을 그려낼 수 있도록 하는 것이다. 논문의 연구범위(研究范围), 선행연구 성과(前人研究成果), 연구방법(研究方法), 연구동기 및 그 목적(研究动机

及其目的) 해당 4단계 부분을 정리하면, 다음 〈표-99〉와 같다.

〈표-99〉 논문작성 4단계 관련내용

구분	논문작성 4단계 관련 내용	비고
연구범위 (研究范围)	논제의 범위, 의의, 발전상황, 현재까지 수준	전체 논문의 관점과 주요 내용 개괄을 통해 그 윤곽을 알 수 있음
선행연구 성과 (前人研究成果)	선행연구와 이미 해결한 문제를 분석, 종합서술	
연구방법 (研究方法)	자료수집정리, 논술전개 방법	
연구동기 및 그 목적 (研究动机及其目的)	논제 연구의 동기, 연구를 통해 도출해낼 목적	

① 서론의 구성

'서론'은 다음 5가지 항목 내용 중의 전부나 그 가운데 몇 항목 내용을 포함할 수 있다.

첫째, 어떤 연구 영역의 배경, 의의, 발전상황, 현재까지 수준 등이다.

둘째, 관련 영역의 문헌에 대해 검토를 진행하는 데 선행연구 성과와 이미 해결한 문제를 포함하여 적절한 평가와 비교를 진행하는 것이다.

셋째, 선행연구에서 아직 해결하지 못한 문제나 남겨진 기술적 공백을 지적해내고 새로운 문제의 제기, 이러한 새로운 문제를 해결하는 새로운 방향, 새로운 실마리를 제기함으로써 자기 연구과제의 동기와 의의를 이끌어내는 것이다.

넷째, 연구 주제를 통해 얻어낼 목적을 설명하는 것이다.

다섯째, 논문의 주요 내용을 개괄하거나 그 대체적 윤곽을 그려내는 것이다.

② 서론 작성방법

'서론'은 연구범위(研究范围), 선행연구 분석(前人研究成果分析), 연구방법(研究方法), 연구동기 및 그 목적(研究动机及其目标) 등 4방면을 포함하며 결론 쓰기를 마친 후 마지막으로 쓰는 것이 일반적이다. 그 4방면의 작성방법을 열거하면 다음과 같다.

첫째, 어떻게 서론 쓰기를 시작할 것인가? 서론 작성의 가장 중요한 목적은 독자에게 '논문이 관련된 연구영역 및 그 의의가 무엇인지', '연구에서 무슨 문제를 해결하려 하는지', '현재까지 연구 상황이나 수준은 어떠한지' 등을 밝혀주는 것이라 할 수 있다.

둘째, 기존 문헌들을 어떻게 종합적으로 검토해낼 것인가? '기존 문헌들의 검토'는 학술논문의 중요한 구성부분으로 저자가 다른 사람이 어떤 연구영역에서 한 일과 연구 성과에 대한 분석과 총결인 데 다른 사람의 대표성을 지닌 관점과 이론, 발견발명, 문제해결의 방법 등을 포함한다. 다른 사람의 연구 성과를 끌어다 쓸 때는 반드시 그 출처를 '주(注)' 표기하여 즉 이 연구 성과가 어떤 사람으로부터, 어느 때, 어디에서 공개적으로 발표되었는지 밝혀주어야 한다.

셋째, 정하거나 주어진 주제에 따라 어떻게 자료를 수집할 것인가? 어떻게 문제를 파악하고 해결할 것인가? 두 가지 모두 수집, 해결 방법과 관련된 문제라 할 수 있다. 수집 방법은 자료수집정리, 분석연구, 귀납조직 등에 관한 것이다. 해결 방법은 주제에 제시된 논점에 대해 충분하고 객관적인 논거를 들며 적절하면서 합리적인 논증과정을 거쳐 논술을 진행하며 결론을 도출할지에 관한 것이다. 자료를 어떻게 수집, 정리하였고 본론의 내용을 어떻게 써 내려갔는지 관련 방법론을 제시하여야 한다.

넷째, 어떻게 연구동기와 그 목적을 쓸 것인가? 다른 사람의 어떤 영역 연구와 성과를 소개한 후에 다음으로 저자 자신의 연구동기, 목적과 내용을 소개한다. 연구동기 소개는 2가지 각도로부터 진행하는 데 하나는 선행연구에서 아직 해결하지 못한 문제나 지식적 공백을 지적해내는 것이고, 하나는 해당 문제를 해결하거나 지식공백을 채워 보충하는 중요한 의의를 설명하는 것이다. 지식영역 속의 공백을 지적하고 암시하거나 문제, 가설을 재기한 후 다음으로 당연히 독자에게 해당 연구의 목적과 내용을 알려주어야 하는 데 즉 어느 문제로 이러한 공백을 채워 보충하거나 제기한 가설을 증명함으로써 해결하는 것이라 할 수 있다.

다섯째, 서론의 결말을 어떻게 쓸 것인가? 연구목적이 완전히 서론의 결말이 될 수 있다. 간단히 문장의 구조 및 각 부분의 주요 내용을 소개함으로써 이로부터 서론 쓰기의 일단락 작용을 일으키며 독자가 논문의 윤곽과 맥락을 이해할 수 있도록 한다.

〈표-100〉 논문 표절하지 마세요(Don't action of piagiarizing)![83]

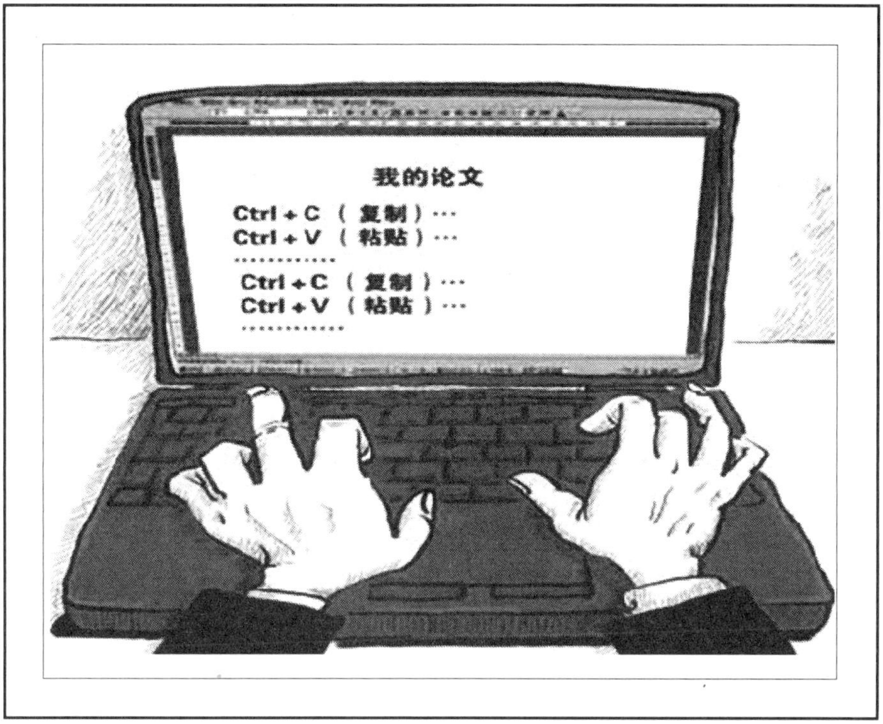

83 https://image.baidu.com/search/index?tn=baiduimage&ps=1&ct=201326592&lm=-1&cl=2&nc=1&ie=utf-8&word=%E5%81%87%E9%80%A0%E8%AE%BA%E6%96%87%E6%A0%87%E5%87%86%E8%8C%83%E6%96%87

X. 중국어 논리 및 논술 교과의 평가

"중국어 논리 및 논술" 교과의 평가에 관한 문제는 교육부 교육과정평가원에서 제시한『논술·면접 지도 요령』에 근거하여 논술 평가원칙을 정리하고 더하여 중국어 교과에 적합한 평가방법을 제시하려 한다.

1. 중국어 논술 평가원칙

중국어 논술에 관한 평가원칙을 대체로 4가지로 정리할 수 있는 데 구체적으로 기술하면 다음과 같다.

1.1 평가목적과 부합한 평가

중국어 논술에 대한 평가원칙은 기타 교과와 마찬가지로 해당 평가를 통해 지향하거나 주어진 목적에 맞도록 전개되었는지가 관건이라 할 수 있다. 평가문항의 표현방식이 객관성, 공정성을 확보해야 하지만 만약 그렇지 못하다면 적어도 그럴만한 충분한 이유가 전제되어야 한다. 부연하자면 "중국어 논리 및 논술" 교과 "평가목표에 적합한 정신기능(특히, 고등 정신기능) 측면을 강조"[84]하고 있는지 주목할 필요가 있다.

1.2 교수·학습과 연계한 평가

논술은 지신이 선정하거나 주어진 주제에 대해 정신 심리적 사유체계를 거쳐 형상

84 위 주2)의 책, p.171.

화한 이미지를 논리적 사고로 전환하고 그 전개과정을 통해 구체화하여 상대방에게 표현, 전달, 설득하려 고안해낸 능력이다. 논술이 추구하는 목적으로부터 각 교과별 교육과정 관련 교수·학습 내용과 연계하여 전개될 뿐 아니라 평가가 이루어져야 한다. 부연하자면 중국어 교과 이론지식 정보에 기초하여 교수·학습 과정에서 종합적 능력을 배양, 표현하는 목표에 도달하였는지 평가해야 한다.

1.3 종합적 능력을 고려한 평가

논술은 다른 학과영역에서 측정하내기 비교적 어려운 사고력, 추리력, 분석력, 비판력, 창의력, 표현력 등 종합적 능력(고등 정신기능)의 배양에 용이하다는 장점을 지닌 것이다. 이러한 장점을 극대화하기 위해 주제에 내포된 중심논점의 정확한 파악, 종합적 능력의 발휘, 충분한 논거의 확보, 합리적 논증의 절차 등을 통해 논술이 전개되었는지 평가해야 한다. 그래야 논술의 목적을 감안한 적절한 평가를 진행할 수 있으며 그 평가의 장점이 가장 잘 부각될 수 있다.

1.4 대화의 원리를 구현한 평가

여기서 주의할 점은 학생들의 논술 수준과 태도, 논술 교육의 환경과 상황에 대한 적절한 이해가 전제되어야 한다는 것이다. 학생에게 어떤 의미가 있는지? 현실생활과 적절히 관련지었는지? 어디까지 진전될 수 있는지? 참신한 가치의의를 지녔는지? 이러한 문제들을 세밀하게 분석하고 판단을 내리기는 결코 쉽지 않은 일이다. 때문에 그 방편으로 추가적 정보의 확보, 해석, 보완 등을 위해 교수·학습자 간의 의사소통이 무엇보다 중요하다. 교사가 학생이 논술한 문장을 검토한 후 그것을 바탕으로 대화하며 평가를 진행할 수도 있고, 교사가 학생이 논술한 문장을 직접 읽어가며 평가를 진행할 수도 있다.[85]

---

85 위 주2)의 책, p.172.

2. 중국어 논술의 평가방법

중국어 논술의 평가방법은 사유와 내용(思维与内容), 조직구조(组织构造), 어조문투(口吻语调), 어휘배치(用字措辞), 유창원활(畅通无组), 표현의식(呈现意识) 등 6가지이다. 구체적으로 열거하면 다음과 같다.

2.1 사유와 내용

논지는 저자가 가장 말하고 싶어 하는 말과 표현전달하려 하는 관점이다. 논지의 확립이 논술의 첫걸음이며 그 핵심 소재이다. 논지가 명확하고 집중되어야 하는 데 왜냐하면 모든 재료와 세부절차 모두 그것을 중심으로 전개되기 때문이다. 아무튼 논지를 확정했을 때 참신하고 독특한 시각에서 논제를 명확히 할 수도 구체화 할 수도 있다. 여기서 검토할 사항을 열거하면, 다음 〈표-101〉과 같다.

〈표-101〉 '사유와 내용' 부분에서 검토할 사항

'사유와 내용' 부분에서 검토할 사항	비고
① 논술 제목이 적합한가? ② 논제에 대해 충분히 이해했는가? ③ 논지가 명확하고 집중되어 있는가? ④ 표현전달하려는 중요 정보는 무엇인가? ⑤ 논술하려는 내용은 참신하고 독창적인가? ⑥ 사고의 맥락이 시종일관 유지되고 명료한가?	

2.2 조직구조

'조직구조'는 논술문의 구조를 가리킨다. 그것은 논술 의의의 궤적이나 노선도와 같은 것이다. 이것은 주제와 내용을 드러내는데 도움을 지니며 문장의 구조와 방향을 나타내며 각 부분과 서로 연계되어 독자의 글 읽기를 안내한다. 논술문 구조는 기본적으로 총분식, 병렬식, 분술식, 대조식, 점층식, 종횡식 등 이외에도 비교, 분석, 귀납, 연역 및 시공 순서 등을 포함하여 살펴볼 수 있다. 여기서 검토할 사항을 열거하면, 다음 〈표-102〉과 같다.

〈표-102〉 '조직구조' 부분에서 검토할 사항

'조직구조' 부분에서 검토할 사항	비고
① 논술 내용과 주제가 관련 있는가? ② 논술의 근거가 적절성, 타당성이 있는가? ③ 논거가 논증의 합리성을 확보할 수 있는가? ④ 논술 내용이 주도면밀하게 안배되었는가? ⑤ 논술 순서가 차례대로 정해지고 통일되었는가? ⑥ 각 단락이 연계되고 세부 단락이 잘 드러나는가? ⑦ 결말은 어떠한가, 논술의 목적이 잘 부각되는가?	

2.3 어조문투

'어조문투'는 논술문 속 열 사이의 어기(语气), 감정(感情), 풍격(风格), 개성(个性), 정신(精神), 심리(心理) 등에 충만한 것인 데 저자가 글쓰기해낸 독특한 문자(文字), 숨결(气息)이자 문장의 개성, 풍격의 직접적인 구현이다. 여기서 검토할 사항을 열거하면, 다음 〈표-103〉과 같다.

〈표-103〉 '어조문투' 부분에서 검토할 사항

'문어조투' 부분에서 검토할 사항	비고
① 논술저자가 의도한대로 말하고 있는가? ② 의견이나 주장이 구체적이고 일관적인가? ③ 논술자의 감정 심지어 열정이 드러나는가? ④ 논술 '어조문투'의 개성, 풍격이 구현되었는가? ⑤ 논술이 적합하고 독자의 주의를 이끌 수 있는가?	

2.4 어휘배치

'어휘배치'는 풍부하고 정교하며 풍부한 색채를 지닌 문자로 독자의 마음을 움직이거나 깨우치는 방법이다. 훌륭한 어휘배치는 정확하고 생동하며 표현력을 지니고 있다. 감성의 언어, 적당한 어휘와 가장 좋은 표현전달 방식을 써서 독자의 생활 경험을 불러 일깨워야 한다. 적절한 논술은 간단명료하고 자연스러워야 할 것이다. 여기서 검토할 사항을 열거하면, 다음 〈표-104〉와 같다.

〈표-104〉 '문투어조' 부분에서 검토할 사항

'문투어조' 부분에서 검토할 사항	비고
① 어휘의 활용이 합당하고 적절한가? ② 문장을 어법에 맞게 정확히 구성하였는가? ③ 사용한 자형, 간격, 글자체가 적합한가? ④ 적절한 글자배치, 행간형식이 이루어졌는가? ⑤ 어휘 활용이 독자를 이끌 수 있는가? ⑥ 자연스럽고 알맞으며 논술문의 풍격에 부합하는가?	

2.5 유창원활

'유창원활'은 논술의 매끄럽고 유창한 정도이다. '유창원활'한 논술은 일종의 언어적 리듬감(节奏感)과 운율미(韵律美)를 나타낼 수 있다. 훌륭한 논술문은 매끄럽고 유창하며 억양변화, 끊어 읽기에 따라 읽는다면 마치 문자로 연주하는 음악과 같을 것이다. 그래서 흔히 길고 짧아 가지런하지 않거나, 구조가 다양하거나, 빠르고 느리기가 자유자재거나, 분명하고 힘을 지녀 일종의 의미심장한 운치가 있다. 여기서 검토할 사항을 열거하면, 다음 〈표-105〉과 같다.

〈표-105〉 '유창원활' 부분에서 검토할 사항

'유창원활' 부분에서 검토할 사항	비고
① 논술 방식이 독창적인가? ② 논술이 완전하고 분명한가? ③ 문맥이 매끄럽고 막힘없는가? ④ 논술 내용이 논리적으로 전개되었는가? ⑤ 침신, 생동하고 흥미로우며 풍부한 변화를 지녔는가?	

2.6 표현의식

논술의 최종 목적은 상대방에게 표현, 전달하여 설득하려는 것이다. 저자는 표현 전달 의식을 갖추고 있어야 한다. 현재 정보화 시대를 살아가는 우리가 논술을 반드시 서면형식으로 나타낼 필요성이 없는 상황에 놓여 있다. 그런 이유에서 문장을 나타내는 대상, 장소, 환경, 방식 등 이외에도 문자의 대소, 삽화, 도표, 페이지 및 기타 시각 지시부호 등을 나타내는 기술까지도 고려해야 한다. 여기서 검토할 사항을 열거하면, 다음 〈표-106〉과 같다.

〈표-106〉 '표현전달' 부분에서 검토할 사항

'표현전달' 부분에서 검토할 사항	비고
① 논술의 표현이 참신하고 자연스러운가? ② 논술문의 표현전달이 조화, 통일되었는가? ③ 논술을 생활경험과 연계하여 실천하였는가? ④ 충분한 논거를 들어 논증을 뒷받침하였는가? ⑤ 상대방을 설득할 수 있도록 합리적으로 논증하였는가?	

이밖에 논술 평가를 위한 전제 절차인 채점방식은 일반적으로 평가목적, 신뢰도, 경제성에 따라 총체적 방법(Global method)과 분석적 방법(Analytical method)으로 분류하는 것이다. 그 목적이 서열을 정하는 것이라면 총체적 방법을 채택할 수 있고 이해도를 파악하는 것이라면 분석적 방법을 채택할 수 있다. 그러나 채점 시간 절약이라는 경제성을 고려한다면 총체적 방법을 채택하는 것이 유리하고, 채점 결과의 신뢰도

확보를 고려한다면 분석적 방법을 채택하는 것이 유리하다. 총체적 평가와 분석적 평가 기준을 인용하여 제시하면, 다음 〈표-107〉, 〈표-108〉과 같다.

〈표-107〉 논술의 총체적 평가 기준[86]

배점	일반적 기준	총체적 기준
1점	논술적 표현 및 논술문의 특징이 매우 부족함. 일반적인 작문 전략 및 기능도 매우 부족함.	전략과 기능의 사용이 논술문의 특징을 전혀 보여 주지 못하고 있음. 논술의 과제를 올바로 파악하지 못하였을 뿐만 아니라 과제 요구 내용과 논술문 내용이 부합하지 못함. 필자 자신의 주장이나 의견도 일관성이 없고 단편적인 정보나 사실을 단순히 나열하고 있음. 사실과 의견의 구별이 모호하고 어법의 오류가 매우 많음. 문단의 구분도 이루어지지 않았으며 논술문의 구성도 이루어지지 않음.
2점	논술적 표현 및 논술문의 특징이 부족함. 일반적인 작문 전략 및 기능이 부족함.	전략과 기능의 사용이 논술문의 특징을 잘 보여주지 못하고 있음. 그래서 논술문인지 단순한 수필문인지도 분명치 않음. 논술문은 논술 과제가 요구하는 내용과 거리가 먼 내용을 담고 있으며, 필자 자신의 주장이나 의견과 근거가 관련성이 적음. 문단의 연결이 다소 부적절하며 논술문 구성의 체계가 불안정함. 어법의 오류가 많아 의미 전달도 분명치 않은 것이 있음.
3점	논술적 표현과 논술문의 특징이 다소 부족함. 일반적인 작문 전략 및 기능은 보편적인 수준임.	전략과 기능의 사용이 논술문의 특징을 잘 보여주지 못하고 있음. 논술 과제가 요구하는 내용을 올바로 파악하였으나, 논술문의 내용은 과제와 다소 거리가 있는 내용이 들어 있음. 필자의 주장이나 의견이 명료하지 못하고 그 근거도 타당성이 다소 부족함. 문단과 문단의 연결은 자연스럽지만, 논술문의 구성은 체계가 다소 불완전함.
4점	논술적 표현과 논술문의 특징이 보편적인 수준임. 일반적인 작문 전략 및 기능은 대체로 우수함.	논술문의 특징이 드러나도록 전략과 기능을 사용하고 있음. 논술 과제가 요구하는 내용을 올바로 파악하였으나, 필자 자신의 주장이나 의견이 분명하지 않으며 그 근거의 타당성도 부족함. 또한 문단과 문단의 연결은 자연스럽고 논술문의 구성은 일반적인 원칙을 따랐지만, 그 체계성은 다소 부족함.
5점	논술적 표현과 논술문의 특징이 우수함. 일반적인 작문 전략 및 기능이 우수함.	논술문의 특징이 일반적으로 잘 드러나도록 전략과 기능을 사용하고 있음. 논술 과제가 요구하는 내용을 올바로 파악하고, 필자 자신의 주장이나 의견을 논리적으로 제시하였음. 그러나 그 근거의 타당성이 다소 부족한 것이 있음. 또한 논술문의 구성이 대체로 잘 짜임새 있고 문단과 문단의 연결이 자연스럽지만, 체계성이 다소 부족함.
6점	논술적 표현 및 논술문의 특징이 매우 우수함. 일반적인 작문 전략 및 기능이 우수함.	논술문의 특징이 잘 드러나도록 전략과 기능을 사용하고 있음. 논술 과제가 요구하는 내용을 올바로 파악하고 타당성 있는 근거를 들어 필자 자신의 주장이나 의견을 논리적으로 표현함으로써 강한 설득력을 얻고 있음. 또한 문단과 문단의 연결이 자연스럽고 체계적이며, 내용이 잘 드러나도록 논술문의 구성이 잘 짜임새 있음.

※ 원진숙의 KICE-TLC 논술평가 부분을 『논술·면접 지도 요령』에서 재인용한 후 정리한 것임.

86 위 주2)의 책, p.178.

〈표-108〉 논술의 분석적 평가 기준[87]

내용	평가요소	분석적 평가 기준	배점
문제파악	1. 문제분석력	논술 과제의 요구를 올바로 파악했는가?	5-4-3-2-1
	2. 논지의 정확성	과제의 의도에 맞게 논지를 설정했는가?	5-4-3-2-1
내용	3. 내용의 통일성	내용이 통일되어 있고 주제가 명료한가?	5-4-3-2-1
	4. 내용의 독창성	내용이 참신하고 독창적인가?	5-4-3-2-1
	5. 내용의 진실성	다루는 이론지식 내용이 사실인가?	5-4-3-2-1
구성	6. 논의의 구체성	필자의 주장이나 의견은 구체적인가?	5-4-3-2-1
	7. 논의의 일관성	필자의 주장이나 의견은 일관성이 있는가?	5-4-3-2-1
	8. 근거의 타당성	근거는 적절성과 타당성이 있는가?	5-4-3-2-1
	9. 문단의 연결	문단과 문단의 연결이 자연스러운가?	5-4-3-2-1
	10. 논술문의 구조	논술문의 전체적인 구성이 체계적인가?	5-4-3-2-1
표현	11. 단어의 적절성	단어의 선택과 활용이 절절한가?	5-4-3-2-1
	12. 문장의 정확성	문장은 어법에 맞고 정확한가?	5-4-3-2-1
	13. 문장의 연결	문장과 문장은 긴밀하게 연결되었는가?	5-4-3-2-1
	14. 담화 관습	논술문의 담화 관습을 잘 따르고 있는가?	5-4-3-2-1
태도	15. 탐구적 태도	문제를 탐구적인 태도로 접근하는가?	5-4-3-2-1
	16. 논술의 실천	논술문 쓰기를 생활 속에서 실천하는가?	5-4-3-2-1
	17. 논술문의 활용	주장이나 의견을 논술문으로 표현하고자 하는가?	5-4-3-2-1
	18. 공적 의사소통	완성한 논술문을 기고하거나 투고하는가?	5-4-3-2-1

※ 원진숙의 KICE-TLC 논술평가 부분을 『논술·면접 지도 요령』에서 재인용한 후 정리한 것임.

87 위 주2)의 책, p.180.

XI. 맺음말

"중국어 논리 및 논술"은『중국어』교과 교수·학습 관련 이론지식 정보의 문제요소와 관련성을 찾아 논제의 중요논점에 대해 논지에 따라 객관적 판단, 합리적 증명 과정을 통해 조리 있고 짜임새 있게 논술하는 종합적 성격의 교과이다. '중국어' 논술은 해당 교과와 관련하여 글쓴이 자신이 주제를 정하거나 주어진 주제에 대해 정신, 심리적 사유체계 속에 존재하던 의미를 형상화하고 다시 논리적 사고와 연계하여 그 전개과정을 통해 글쓰기로 구체화하는 과정이라 할 수 있다. 즉 글쓴이의 의도나 주장을『중국어』교과 관련 이론지식 정보에 기초하여 '논점—논거—논증—논증'이라는 일련의 과정으로부터 상대방에게 표현, 전달 및 설득하려 창안해낸 논술 능력이다. 그 능력을 배양하는 가장 좋은 방법이 폭 넓고 깊이 있는 글 읽기라 할 수 있다. 글 읽기 과정을 거쳐 사고력, 이해력 및 분석력 등을 기를 수 있고 글쓰기와 연계되어 창의력과 표현력을 발휘할 수 있도록 한다. 다시 말해 글 읽기 능력이 글쓰기 능력의 기초, 소재의 근원, 전개의 동력이다. 여기에 중국어 논술 문체 및 그 수법, 논술구조 및 문장법, 논제의 선정 및 분석 등과 중국어 논리(즉 어의어법, 문장과 문장, 단락과 단락, 전체문장 논리 등)에 관한 이론적 지식을 갖춘 후 논술문의 단락구성과 논술훈련, 논술연습 등을 거쳐 아무 두려움 없이 논술문을 전개할 수 있다. 그 결과 궁극적으로『중국어』교과 이론지식 정보에 기초한 사고력, 추리력, 분석력, 비판력, 창의력, 표현력 등 종합적 능력(고등 정신기능)의 배양 목표에 도달하였는지 그리고 "중국어 논리 및 논술"이 추구하는 목적으로부터 관련 교과의 교수·학습 내용과 연계하였는지 평가해야 한다. 주의할 점은 교육현장에서 "중국어 논리 및 논술" 교과의 교수·학습 전개를 위한 학생들의 환경과 상황, 수준과 태도 등에 대한 적절한 이해의 전제이다. "중국어 논리 및 논술" 교과가 위에 언급한 중국어 논술의 이론과 실제를 교수·학습하는데 크게 도움이 될 수 있을 것이라 생각한다.

결론적으로『現代중국어 논리 및 논술』의 편찬을 통해 "중국어 논리 및 논술"교과 교수·학습 현장에서 전문적인 교과교재가 마련되어 그 본연의 활동 전개, 진행에 일조하고 중등교원 임용을 꿈꾸는 학우님들이 직면한 '중국어 논술' 문제를 해결하는데 기여할 수 있기를 바란다.

참고문헌

정인순·김동형 등(2019)『교원자격검정 실무편람』, 세종: 교육부 교원양성연수과.

강남식 등(2005)『논술·면접 지도 요령』, 세종: 한국교육과정평가원.

中國教育部編(2011),『汉语文课程标准』, 北京: 人民教育出版社。

吕莉玲·陈秋梅编著(1992),『高中模范作文』, 台北: 昭文社。

陈宗明(1993),『汉语逻辑概论』, 北京: 人民出版社.

李尚文(1993),『作文七七法』, 台北: 万卷楼图书有限公司。

谢海平(1996),『应用文』, 台北: 国立空中大学。

张仁青(1998),『应用文』, 台北: 文史哲出版社。

上海市教师写作研究会编(1998),『作文构思词典』, 上海: 上海教育出版社。

王香平(2007),『大学生写作能力教程』, 广州: 中山大学出版社。

郭冬(2009),『实用写作范例评点』, 北京: 高等教育出版社。

崔修建(2009),『大学写作教程』, 天津: 南开大学出版社。

马正平主编(2010),『高等实用写作训练教程』, 北京: 中国人民大学出版社。

徐中玉主编(2011),『新编大学写作』, 上海: 复旦大学出版社。

王锡渭主编(2012),『新编大学写作教程』, 北京: 北京大学出版社。

조성남(1970),『논리와 토론·논술』, 서울: 교육과학사.

조형근(1994),『논술의 정석』, 세종: 한국교육과정평가원, 2005.12.

장인성(1995),『논술의 실체와 사고력의 세계』, 서울: 미래문화사.

성태제(1996),『문항제작 및 분석의 이론과 실제』, 서울: 학지사.

이상욱·문태순·김미애 공저(2009),『예비교사를 위한 논리와 논술』, 서울: 학지사.

이효범(2011),『논리적 사고, 비판적 사고, 창의적 사고』, 공주: 공부대학교출판부.

(1989)『周易』(十三经注疏本)第1册, 台北: 艺文印书馆。

(1989)『论语』(十三经注疏本)第8册, 台北: 艺文印书馆。

刘熙载(1978),『艺概』, 上海: 上海古籍出版社。

杜甫著·仇兆鳌注(1980),『杜诗详注』, 台北: 里仁书局。

朱熹(1986),『晦庵集』(四库全书本), 台北: 商务印书馆。

范德玑(1986),『诗格』(四库全书本), 台北: 商务印书馆。

陈献章(1986),『陈献章集』(四库全书本), 台北: 商务印书馆。

梁绍壬(1986),『两般秋雨庵随笔』卷5(四库全书本), 台北: 商务印书馆。

孙诒让著·孙以楷点校(1987),『墨子閒诂』, 台北: 华正出版社。

张之洞著·范希曾补正(1990),『书目答问补正』, 台北: 新兴书局有限公司.

刘勰著·王更生注译(1991),『文心雕龙读本』, 台北: 文史哲出版社.

王琯(1992),『公孙龙子悬解』, 北京: 中华书局。

陈满铭(1998),『篇章结构学』, 台北: 万卷楼图书有限公司.

仇小屏(1998),『文章章法论』, 台北: 万卷楼图书有限公司.

『Wikipedia Dictionary』(https://en.wikipedia.org/wiki/Narrative)

赵春利·石定栩(2011.2),「状位情感形容词与述位动词结构同现的原则」,『汉语学习』第 1期。

赵春利(2014.3),「关于语义语法的逻辑界定」,『外国语(上海外国语大学学报)』第 37卷 第 2期。

김형자(2002),『논술의 성격 규정에 대한 관점의 비교와 대학 입학 논술고사 분석』, 이화여자대학교 석사학위 논문.

이형근(2003),『논술교육을 위한 쓰기 영역의 지도방안 연구』, 국민대학교 석사학위 논문.

지은림(1999),「사회고 보고서 수행평가를 위한 총체적 채점과 분석적 채점의 비교」,『교육평가연구』제 12권 2호.

한진원·이은영 등(2007),「4세아의 조망수용능력 증진을 위한 실외놀이 프로그램 구안」,『한국교육문제연구』제 25권 2호.

송명진(2016),「대학 글쓰기 주제 선정 현황과 주제 정하기 교육 방안 연구」,『리터러시연구』16집, 한국리터러시학회.

박인희(2020),「학술적 글쓰기에서 주제 선정 지도 방안에 대한 연구」,『사고와 표현』, 한국사고와표현학회.

Breland, H. M.(1996). Writing Skill Assessment: Problem and Prospects. ETS research peport.

Wiggins, G. P.(1998). Educative Assessment-Designing Assessment to Inform and Improve Student Performance. San Francisco: Jossey-Bass Publishers.

Wayne, J. C.(2003). Scoring the Essay on the SAT Writing Section. The College Board Research Summary.

McMillan, J. H.(2004). Classroom Assessment Principle and Practice for Effective Instruction. Boston: Allyn&Bacon.

ACT(2005), Writing Test Score. http://www.act. org/aap/writing/sample/rubric.

Collegeboard(2005). Essay Scoring. http://www.collegeboard.com/highered/ra/sat.

원진숙,「논술지도」(http://classroom. kice. re.kr)

임성규,「주제 잡기로 글쓰기」(http://kocw-n.xcache.kinxcdn.com/data/document/2016/gnue/limsonggyu/6.pdf)

부록

1. 『2019학년도 교원자격검정 실무편람』
   - 교과교육영역 교과목 및 기본 교수요목

2. 교수·학습 지도(과정)안
   - '중국어 논리 및 논술' 교과 교수·학습 지도(과정)안

3. 『중국어』교과 중등교원 임용시험(1998~2021)
   - '중국어 논리 및 논술'관련 기출문제

1.『2019학년도 교원자격검정 실무편람』

- 교과교육영역 – 교과목 및 기본 교수요목

(2008학년도 이전까지 교직과목, 2009학년도 이후부터 전공과목에 해당)

<table>
<tr><th>교 과 목</th><th>기본교수요목</th></tr>
<tr><td>① 교과교육론</td><td>• 교과교육의 역사적 배경, 교과교육의 목표, 중 · 고등학교 교육과정의 분석 등 교과교육 전반에 관하여 연구한다(수업의 실제 부분에 중점을 둠).
• 교과별 수업의 실제와 과정 중심의 평가 등 초 · 중등 교육과정의 각론 내용에 중점을 둔다.</td></tr>
<tr><td>② 교과교재 연구 및 지도법</td><td>• 교과의 성격, 중 · 고등학교 교재의 분석, 수업안의 작성, 교수방법 등 교과지도의 실제 경험을 쌓게 한다.
• 학교현장의 교육실습과 연계를 강화하고, 교과 통합 교육과정 운영 등에 역점을 둔다.</td></tr>
<tr><td>③ 교과 논리 및 논술</td><td>• 각 교과별 특성에 부합되는 논리적 사고의 근본 법칙 및 논술에 관한 교육에 역점을 둔다.</td></tr>
<tr><td>④ 교과별교수법</td><td rowspan="3">• 각 교과별 특성에 부합되는 교수법, 교육과정, 평가방법 등에 관한 이론과 실제를 학습한다.
• 교육과정 및 교육정책의 변화에 따른 학생활동 및 참여 중심의 최신 교수 · 학습 모형과 평가 방법이 포함되는 내용을 개발하여 운영한다.</td></tr>
<tr><td>⑤ 교과별 교육과정</td></tr>
<tr><td>⑥ 교과별 평가방법론</td></tr>
</table>

2. 교수·학습 지도(과정)안

2.1 '중국어 교과교재 연구 및 지도법' 교수·학습 지도안

중국어과 교수·학습 지도안

일 시	2020. 05. 17
장 소	○○대학교
대 상	○학년
교 사	○○○

○ ○ 대 학 교

1. 단원명 : 12. 论文

2. 차시주제: 01. 논문의 정의 및 특징

3. 학습 목표

- '논문'의 정의, 특징을 말할 수 있다.
- '논문'의 구성형식을 열거할 수 있다.
- 작성할 '논문'의 종류를 정확히 구분할 수 있다.
- '논문' 작성법에 관해 구체적으로 설명할 수 있다.

4. 학습 계획

단원명	차시별 교수-학습 내용	차시
12. 论文	• **'논문'의 정의, 특징을 말할 수 있다.** • '논문'의 구성형식을 열거할 수 있다. • 작성할 '논문'의 종류를 정확히 구분할 수 있다. • '논문' 작성법에 관해 구체적으로 설명할 수 있다.	1/4

5. 지도상의 유의점

- '논문'의 정의, 특징을 말할 수 있도록 지도한다.
- '논문'의 구성형식을 열거할 수 있도록 지도한다.
- 작성할 '논문'의 종류를 정확히 구분할 수 있도록 지도한다.
- '논문' 작성법에 관해 구체적으로 설명할 수 있도록 지도한다.

6. 본시 교수 · 학습 지도안

<table>
<tr><td>일시</td><td colspan="3">2020. 05. 18.목(7교시)</td><td>대상</td><td colspan="2">대학생</td><td>지도 교사</td><td>○○○</td></tr>
<tr><td rowspan="2">단원</td><td rowspan="2" colspan="3">12. 论文</td><td>차시</td><td colspan="2">1/4</td><td rowspan="2">장소</td><td rowspan="2">4학년
403강의실</td></tr>
<tr><td>쪽수</td><td colspan="2">2 ~ 9쪽</td></tr>
<tr><td>학습 목표</td><td colspan="8">•'논문'의 정의, 특징을 말할 수 있다.
•'논문'의 구성형식을 열거할 수 있다.
•작성할 '논문'의 종류를 정확히 구분할 수 있다.
•'논문' 작성법에 관해 구체적으로 설명할 수 있다.</td></tr>
<tr><td rowspan="2">준비자료</td><td colspan="4">교사</td><td colspan="4">학생</td></tr>
<tr><td colspan="4">교과서, 판서, 프린트, ppt</td><td colspan="4">교과서, 필기구, 프린트</td></tr>
<tr><td rowspan="2">단계</td><td rowspan="2">형태</td><td rowspan="2">수업의 흐름</td><td colspan="3">교수 · 학습 활동</td><td rowspan="2">시간</td><td rowspan="2" colspan="2">자료(*) 및 유의점(·)</td></tr>
<tr><td colspan="2">교사</td><td>학생</td></tr>
<tr><td rowspan="6">도입</td><td rowspan="6">전체학습</td><td>상호인사 및 출석확인</td><td colspan="2">▸상호 인사
- 학생들과 밝은 얼굴로 인사하고 출석을 확인함.</td><td>▸상호 인사
- 교사와 밝은 얼굴로 인사한다.
- 결석한 학생을 확인하고 대답함..</td><td rowspan="3">5분</td><td colspan="2"></td></tr>
<tr><td rowspan="2">과제점검 및 지난 차시 복습 (진단평가)</td><td colspan="2">▸과제점검
- 과제점검 및 피드백</td><td>▸과제점검
- 과제 제출.</td><td rowspan="2" colspan="2">○ PPT자료</td></tr>
<tr><td colspan="2">▸지난 차시 학습내용 복습
- 학습한 내용을 질문하여 학생의 이해도를 파악함.

- 간단한 문제와 함께 지난 차시 수업시간의 주요 개념 평가함.
- 부족한 부분은 보충해 학생들을 충분히 이해시킴.</td><td>▸지난 차시 학습내용 복습
- 배웠던 학습 내용을 인지하고, 부족한 부분은 확인하여 보충함.
- 문제의 답안을 확인하고 주요 개념은 교사와 함께 정리함.</td></tr>
<tr><td rowspan="2">학습목표 제시</td><td colspan="3">〈학습목표〉
•'논문'의 정의, 특징을 말할 수 있다.</td><td rowspan="2">2분</td><td rowspan="2" colspan="2">○ 판서
(학습목표)</td></tr>
<tr><td colspan="2">▸학습목표 제시
- 이번 차시 학습목표를 제시함.
- 학생들에게 큰 소리로 반복하여 읽도록 함..</td><td>▸ 학습목표 확인
- 이번 차시 학습목표를 확인함.
- 교사의 지시에 따라 큰 소리로 반복하여 읽음.</td></tr>
<tr><td>본시학습 내용안내</td><td colspan="2">▸본시 학습내용 안내
- 배울 내용을 간략하게 설명함.</td><td>- 배울 내용에 대한 간략한 설명 들음.</td><td>3분</td><td colspan="2"></td></tr>
</table>

전개	전체학습	본문	- 논문의 정의, 특징에 대해 판서하고 설명함. - 논문의 특징을 실제 예시를 들어 이해시킴. - 논문의 특징을 실제 예시를 설명하도록 함.	- 선생님 설명을 잘 듣고 숙지함. - 논문의 특징을 실제 예시를 보며 이해함. - 논문의 특징을 실제 예시를 들어 설명할 수 있음.	30분	○ PPT자료
	전체·개별학습	질의응답 및 형성평가	▸ 질의응답 - 학생들의 질문을 유도함. - 학생의 질문에 자세히 대답해주고, 다시 확인함.	▸ 질의응답 - 이번 시간에 배운 내용 중 어렵고 이해되지 않는 부분 질문함. - 교사의 설명을 잘 듣고 이해함.	5분	
			▸ 형성평가 제시 - PPT로 형성평가 문제를 제시하여 이번 차시에 배운 내용을 알 수 있는지 확인함. - 학생과 함께 정답을 확인하고 피드백을 해줌.	▸ 형성평가 해결 - 교사가 PPT상으로 제시한 형성평가 문제를 확인하고 풀이함. - 교사의 지도에 따라 정답을 확인하고 피드백 받음.		
정리	전체학습	학습내용 정리	〈학습목표〉 • '논문'의 정의, 특징을 말할 수 있다.		3분	○ 판서 (학습목표)
			▸ 본시 학습내용 정리 - 오늘의 학습목표를 학생들에게 상기시키며, 배웠던 주요 표현을 함께 확인함.	▸ 본시 학습내용 정리 - 이번 차시의 학습 목표를 상기하며 배웠던 내용을 함께 확인함. ▸ 교사의 교수·학습 내용 정리를 잘 듣고 기억함.		
		과제제시 및 차시예고	▸ 과제 제시 - 배운 내용 복습하도록 함. - 다음시간 배울 내용 안내. ▸ 차시 예고 - 다음 차시에 본문 에피소드 2까지를 교수·학습 범위로 제시하고 예습하도록.	▸ 과제 제시 - 배운 내용을 복습함. ▸ 차시 예고 - 다음시간에 어떤 부분을 배울 것인지 인지하고 미리 예습함.	1분	
		끝인사	▸ 상호 인사하기 - 학생들과 밝은 표정으로 인사하며 수업을 마무리함.	▸ 상호 인사하기 - 교사와 밝은 표정으로 인사하며 수업을 마무리함.	1분	

7. 판서 계획

〈학습목표〉

• '논문'의 정의, 특징을 말할 수 있다.

8. 동영상 출처

http://www.baidu.com/s?ie=utf-8&f=8&rsv_bp=1&rsv_idx=1&tn=baidu&wd=%E6%B1%89%E8%AF%AD%E8%AE%BA%E6%96%87%E5%86%99%E4%BD%9C

9. PPT 자료

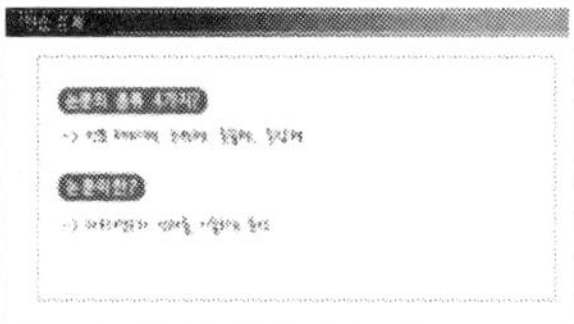
논문의 종류 4가지?
논문이란?

논문의 정의를 설명할 수 있다.
논문의 종류를 말할 수 있다.

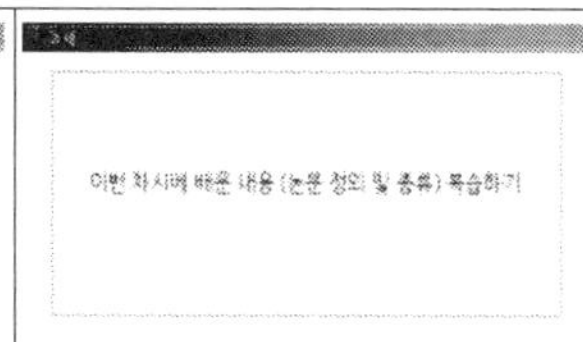
이번 차시에 배운 내용 (논문 정의 및 종류) 복습하기

논문의 양식 및 요구

谢谢

중국어과 교수·학습 지도안

일 시	2020. 05. 24
장 소	○○○대학교
대 상	○학년
교 사	○○○

○ ○ 대 학 교

1. 단원명: 12. 论文

2. 차시주제: 02. 논문의 구성형식

3. 학습 목표

- '논문'의 정의, 특징을 말할 수 있다.
- '논문'의 구성형식을 열거할 수 있다.
- 작성할 '논문'의 종류를 정확히 구분할 수 있다.
- '논문' 작성법에 관해 구체적으로 설명할 수 있다.

4. 학습 계획

단원명	차시별 교수-학습 내용	차시
12. 论文	• '논문'의 정의, 특징을 말할 수 있다. • **'논문'의 구성형식을 열거할 수 있다.** • 작성할 '논문'의 종류를 정확히 구분할 수 있다. • '논문' 작성법에 관해 구체적으로 설명할 수 있다.	2/4

5. 지도상의 유의점

- '논문'의 정의, 특징을 말할 수 있도록 지도한다.
- '논문'의 구성형식을 열거할 수 있도록 지도한다.
- 작성할 '논문'의 종류를 정확히 구분할 수 있도록 지도한다.
- '논문' 작성법에 관해 구체적으로 설명할 수 있도록 지도한다.

6. 본시 교수 · 학습 지도안

일시	2020. 05. 25.금(7교시)	대상	대학생	지도 교사	○○○
단원	12. 论文	차시	2/4	장소	4학년 403강의실
		쪽수	10 ~ 20쪽		
학습 목표	•'논문'의 정의, 특징을 말할 수 있다. •'논문'의 구성형식을 열거할 수 있다. •작성할 '논문'의 종류를 정확히 구분할 수 있다. •'논문' 작성법에 관해 구체적으로 설명할 수 있다.				
준비 자료	교사		학생		
	교과서, ppt		교과서, 필기구, 공책		

단계	형태	수업의 흐름	교수 · 학습 활동: 교사	교수 · 학습 활동: 학생	시간	자료(○)및 유의점(·)
도입	전체 학습	상호인사 및 출석확인	▸ 상호 인사 - 학생들과 상호 인사한다. - 출석을 확인함.	▸ 상호 인사 - 교사와 밝게 인사한다. - 자신의 이름이 호명되면 대답함.	1분	○ 출석부
		지난 차시 복습 (진단평가)	▸ 지난 차시 학습내용 복습 - 진단평가를 통해 지난 차시 학습 내용을 상기시킴. - 시간을 주고 진단평가의 답을 생각하도록 지도함. - 학생들이 과제로 교과서 요약 정리해온 것을 확인함.	▸ 지난 차시 학습내용 복습 - 진단평가를 통해 지난 차시 학습 내용을 떠올림. - 문제 답안을 확인하고 선생님의 설명을 경청함. - 과제로 교과서 요약 정리해온 것을 제출함.	2분	○ PPT
		학습목표 제시하기	〈학습목표〉 •'논문'의 구성형식을 열거할 수 있다.		1분	○ PPT
			▸ 학습목표 제시 - 오늘의 학습목표를 교사가 먼저 읽고, 학생들이 따라 읽도록 지도한다.	▸ 학습목표 확인 - 이번 시간 학습목표를 확인하고 교사를 따라 큰 소리로 읽는다.		
		동기유발 및 본시학습 내용안내	▸ 동기유발 - 학습목표에 유의해서 PPT에 제시된 사진을 보고 자유롭게 유추하도록 지도한다. ▸ 본시 학습내용 안내 - 배울 내용을 간단하게 제시한다.	▸ 동기유발 - 제시된 PPT를 보고 이번 시간에 배울 내용을 유추한다. ▸ 본시 학습내용 확인 - 교사의 설명을 경청한다.	1분	○ PPT ○ 사진

<table>
<tr>
<td rowspan="3">전개</td>
<td>전체
학습</td>
<td>PPT</td>
<td>▸본문
- 논문의 개념을 제시하고 부연 설명함.
- 논문의 형식을 중국어로 설명하고, 판서로 예시를 제시함.
- 논문 쓰는 형식을 단계별로 설명함.
- 논문의 형식를 실제와 비교하며 이해함.</td>
<td>▸본문
- PPT에 제시된 개념을 보며 교사의 설명을 경청함.
- 판서를 보며 교사의 설명을 경청함.
- 교사의 설명을 경청함.

- 교사의 설명을 경청함.</td>
<td>10분</td>
<td>○ PPT
○ 사진
○ 교과서
○ 판서</td>
</tr>
<tr>
<td rowspan="2">전체
및
개별
학습</td>
<td>질의응답</td>
<td>- 이번 시간에 어려웠거나, 이해가 되지 않았던 부분을 질문하도록 함.</td>
<td>- 이번 시간에 어려웠거나, 이해가 되지 않았던 부분을 질문함.</td>
<td></td>
<td rowspan="2">○ PPT
○ 교과서</td>
</tr>
<tr>
<td>형성평가
및
자기점검</td>
<td>▸ 형성평가 제시
- PPT에 형성평가를 제시하고 제한 시간을 제시하고 풀도록 지도함.
- 순회지도 함.</td>
<td>▸ 형성평가 해결
- PPT에 제시된 형성평가를 제한 시간 내에 품.</td>
<td></td>
</tr>
<tr>
<td rowspan="4">정리</td>
<td rowspan="4">전체
학습</td>
<td rowspan="2">학습내용
정리</td>
<td colspan="2">〈학습목표〉
•'논문'의 구성형식을 열거할 수 있다.</td>
<td rowspan="3">4분</td>
<td rowspan="2">○ PPT</td>
</tr>
<tr>
<td>▸본시 학습내용 정리
- 오늘의 학습목표를 확인하고, 배운 내용을 정리함.</td>
<td>▸본시 학습내용 정리
- 제시된 PPT를 보며 학습목표를 다시 확인하고, 교사의 정리를 기억함.</td>
</tr>
<tr>
<td>과제제시
및
차시예고</td>
<td>▸차시 예고
- 다음시간 배울 내용을 안내함.

▸과제 제시
- PPT로 과제를 제시하고, 다음 시간까지 해올 것을 안내함.</td>
<td>▸차시 예고
- 제시된 PPT를 보고, 다음 시간에 배울 내용을 확인함.
▸과제 제시
- 제시된 PPT를 보고 과제를 숙지함.</td>
<td>○ PPT</td>
</tr>
<tr>
<td>끝인사</td>
<td>▸상호 인사
- 학생들과 밝게 인사하고, 수업을 마친다.</td>
<td>▸상호 인사
- 교사와 인사하고 수업을 마무리한다.</td>
<td>1분</td>
<td></td>
</tr>
</table>

7. 판서 계획

〈학습목표〉

• '논문'의 구성형식을 열거할 수 있다.

8. 사진 출처

HanyuLogic(12-1)_202064223449.ppt

9. PPT 자료

중국어과 교수·학습 지도안

일 시	2020. 05. 30
장 소	○○○대학교
대 상	○학년
교 사	○○○

○ ○ 대 학 교

1. 단원명: 12. 论文

2. 차시주제: 03. 논문의 종류

3. 학습 목표

- '논문'의 정의, 특징을 말할 수 있다.
- '논문'의 구성형식을 열거할 수 있다.
- 작성할 '논문'의 종류를 정확히 구분할 수 있다.
- '논문' 작성법에 관해 구체적으로 설명할 수 있다.

4. 학습 계획

단원명	차시별 교수-학습 내용	차시
12. 论文	• '논문'의 정의, 특징을 말할 수 있다. • '논문'의 구성형식을 열거할 수 있다. • **작성할 '논문'의 종류를 정확히 구분할 수 있다.** • '논문' 작성법에 관해 구체적으로 설명할 수 있다.	3/4

5. 지도상의 유의점

- '논문'의 정의, 특징을 말할 수 있도록 지도한다.
- '논문'의 구성형식을 열거할 수 있도록 지도한다.
- 작성할 '논문'의 종류를 정확히 구분할 수 있도록 지도한다.
- '논문' 작성법에 관해 구체적으로 설명할 수 있도록 지도한다.

6. 본시 교수 · 학습 지도안

<table>
<tr><td>일시</td><td>2020. 05. 30. 목(7교시)</td><td>대상</td><td>4학년</td><td>지도
교사</td><td>○○○</td></tr>
<tr><td rowspan="2">단원</td><td rowspan="2">12. 论文</td><td>차시</td><td>3/4</td><td rowspan="2">장소</td><td rowspan="2">4학년
403강의실</td></tr>
<tr><td>쪽수</td><td>21 ~ 32쪽</td></tr>
<tr><td>학습목표</td><td colspan="5">• '논문'의 정의, 특징을 말할 수 있다.
• '논문'의 구성형식을 열거할 수 있다.
• 작성할 '논문'의 종류를 정확히 구분할 수 있다.
• '논문' 작성법에 관해 구체적으로 설명할 수 있다.</td></tr>
<tr><td rowspan="2">준비자료</td><td colspan="2">교사</td><td colspan="3">학생</td></tr>
<tr><td colspan="2">교과서, 판서, 프린트, ppt, 동영상t</td><td colspan="3">교과서, 필기구, 프린트</td></tr>
</table>

<table>
<tr><td rowspan="2">단계</td><td rowspan="2">형태</td><td rowspan="2">수업의
흐름</td><td colspan="2">교수 · 학습 활동</td><td rowspan="2">시간</td><td rowspan="2">자료(○)
및
유의점(·)</td></tr>
<tr><td>교사</td><td>학생</td></tr>
<tr><td rowspan="6">도입</td><td rowspan="6">전체학습</td><td>상호인사
및
출석확인</td><td>▸ 상호 인사 및 출석 확인
- 학생들과 상냥한 얼굴로 인사함.
- 출석을 확인함.</td><td>▸ 상호 인사 및 출석 확인
- 교사와 상냥한 얼굴로 인사함.
- 출석 확인에 대답함.</td><td rowspan="4">5분</td><td></td></tr>
<tr><td>교재 소개</td><td>▸ 교재 소개
- 수업에 사용할 교재를 설명함.</td><td>▸ 교재 준비
- 교재 설명을 듣고 수업에 임할 준비함</td><td></td></tr>
<tr><td rowspan="2">과제점검
및
지난차시
복습
(진단평가)</td><td>▸ 과제점검
- 제시해 주었던 과제를 점검함.</td><td>▸ 과제점검
- 과제를 올바르게 수행했는지 확인함.</td><td rowspan="2">○ PPT자료</td></tr>
<tr><td>▸ 지난 차시 학습내용 복습
- 학습한 내용을 질문하여 학생의 이해도 파악함.
- 간단한 문제와 함께 지난 차시 수업시간의 주요 개념을 짚어봄.
- 부족한 부분은 보충하여 학생들을 충분히 이해시킴.</td><td>▸ 지난 차시 학습내용 복습
- 배웠던 학습 내용을 인지하고, 부족한 부분은 확인하여 보충함.
- 문제의 답안을 확인하고 주요 개념은 교사와 함께 정리함.</td></tr>
<tr><td rowspan="2">학습목표
제시</td><td colspan="2">〈학습목표〉
• 종합형 논문의 종류를 말할 수 있다.
• 작성할 '논문'의 종류를 정확히 구분할 수 있다.</td><td rowspan="2">2분</td><td rowspan="2">○ 판서
(학습목표)</td></tr>
<tr><td>▸ 학습목표 제시
- 먼저 이번 차시 학습 목표를 제시함.
- 학생들에게 큰 소리로 반복하여 읽도록 함.</td><td>▸ 학습목표 확인
- 이번 차시 학습 목표를 확인함.
- 교사의 지시에 따라 큰소리로 반복하여 읽음.</td></tr>
</table>

중국어과 교수·학습 지도안

일 시	2020. 06. 12
장 소	○○○대학교
대 상	○학년
교 사	○○○

○○ 대학교

1. 단원명: 12. 论文

2. 차시주제: 04. 논문 작성법

3. 학습 목표

- '논문'의 정의, 특징을 말할 수 있다.
- '논문'의 구성형식을 열거할 수 있다.
- 작성할 '논문'의 종류를 정확히 구분할 수 있다.
- '논문' 작성법에 관해 구체적으로 설명할 수 있다.

4. 학습 계획

단원명	차시별 교수-학습 내용	차시
12. 论文	• '논문'의 정의, 특징을 말할 수 있다. • '논문'의 구성형식을 열거할 수 있다. • 작성할 '논문'의 종류를 정확히 구분할 수 있다. • **'논문' 작성법에 관해 구체적으로 설명할 수 있다.**	4/4

5. 지도상의 유의점

- '논문'의 정의, 특징을 말할 수 있도록 지도한다.
- '논문'의 구성형식을 열거할 수 있도록 지도한다.
- 작성할 '논문'의 종류를 정확히 구분할 수 있도록 지도한다.
- '논문' 작성법에 관해 구체적으로 설명할 수 있도록 지도한다.

6. 본시 교수 · 학습 지도안

<table>
<tr><td>일시</td><td colspan="2">2020. 06. 12. 금(7교시)</td><td>대상</td><td>대학생</td><td>지도
교사</td><td>○○○</td></tr>
<tr><td rowspan="2">단원</td><td colspan="2" rowspan="2">12. 论文</td><td>차시</td><td>4/4</td><td rowspan="2">장소</td><td rowspan="2">4학년
403강의실</td></tr>
<tr><td>쪽수</td><td>33 ~ 54쪽</td></tr>
<tr><td>학습
목표</td><td colspan="6">• '논문'의 정의, 특징을 말할 수 있다.
• '논문'의 구성형식을 열거할 수 있다.
• 작성할 '논문'의 종류를 정확히 구분할 수 있다.
• '논문' 작성법에 관해 구체적으로 설명할 수 있다.</td></tr>
<tr><td rowspan="2">준비
자료</td><td colspan="3">교사</td><td colspan="3">학생</td></tr>
<tr><td colspan="3">교과서, ppt</td><td colspan="3">교과서, 필기구, 공책</td></tr>
</table>

<table>
<tr><td rowspan="2">단계</td><td rowspan="2">형태</td><td rowspan="2">수업의
흐름</td><td colspan="2">교수 · 학습 활동</td><td rowspan="2">시간</td><td rowspan="2">자료(○)
및
유의점(·)</td></tr>
<tr><td>교사</td><td>학생</td></tr>
<tr><td rowspan="5">도입</td><td rowspan="5">전체학습</td><td>상호인사
및
출석확인</td><td>▸ 상호 인사
- 학생들과 밝게 인사함.
- 출석을 확인함..</td><td>▸ 상호 인사
- 교사와 반갑게 인사함.
- 이름 호명에 대답함..</td><td>1분</td><td>○ 출석부</td></tr>
<tr><td>지난 차시
복습
(진단평가)</td><td>▸ 지난 차시 학습내용 복습
- 학습한 내용을 질문하여 이해도를 파악함.
- 간단한 문제와 함께 지난 차시 수업의 주요 개념 학인 함.
- 학생들이 과제로 교과서 요약해오기 점검함.</td><td>▸ 지난 차시 학습내용 복습
- 배웠던 학습내용을 인지하고, 부족한 부분은 보충함.
- 문제 답안을 확인하고 주요 개념을 선생님과 정리함.
- 과제를 올바르게 수행했는지 확인함.</td><td>2분</td><td>○ PPT</td></tr>
<tr><td rowspan="2">학습목표
제시하가</td><td colspan="2">〈학습목표〉
• '논문' 작성법에 관해 구체적으로 설명할 수 있다.</td><td rowspan="2">1분</td><td rowspan="2">○ PPT</td></tr>
<tr><td>▸ 학습목표 제시
- 이번 시간 학습목표를 교사가 먼저 읽고, 학생들이 따라 읽도록 지도함.</td><td>▸ 학습목표 확인
- 이번 시간 학습목표를 확인하고 교사를 따라 큰 소리로 읽음.</td></tr>
<tr><td>동기유발
및
본시학습
내용안내</td><td>▸ 동기유발
- 학습목표에 유의해서 관련 내용 PPT로 제시함.
▸ 본시 학습내용 안내
- 배울 내용을 간략히 제시함</td><td>▸ 동기유발
- 제시된 PPT를 보고 이번 시간에 배울 내용을 유추함.
▸ 본시 학습내용 확인
- 교사의 설명을 경청함.</td><td>1분</td><td>○ PPT
○ 동영상</td></tr>
</table>

<table>
<tr><td rowspan="3">전
개</td><td>전체
학습</td><td>PPT</td><td>▸ 본문
- 논문 작성의 1단계
논문 제목의 선정, 자료의 수집, 목록배열.
- 논문 작성의 2단계
논문 구조의 조직, 내용의 안배, 내용의 논술.
- 논문 작성의 3단계
전체 논문의 종합정리, 연구성과의 열거, 연구 문제의 제언, 후속 연구의 방향 제 시.
- 논문 작성의 4단계
연구범위, 선행연구, 연구방법, 연구동기 및 목적.
- 논문의 실례를 통해 확인함.</td><td>▸ 본문
- 교사의 설명을 경청.
- 각 단계별 논문 작성의 요구 사항과 내용을 제시된 PPT의 사진과 관련지어 교사 설명 경청.
- 논문의 실례를 통해 확인함.</td><td>10분</td><td>○ PPT
○ 사진
○ 교과서</td></tr>
<tr><td rowspan="2">전체
및
개별
학습</td><td>질의응답</td><td>- 이번 시간에 어려웠거나, 이해가 되지 않았던 부분을 질문하도록 유도함.</td><td>- 이번 시간에 어려웠거나, 이해가 되지 않았던 부분을 질문함.</td><td></td><td rowspan="2">○ PPT
○ 교과서</td></tr>
<tr><td>형성평가
및
자기점검</td><td>▸ 질의응답 시간
- 수업내용을 이해했는지 중간에 질문함.</td><td>▸ 형성평가 해결
- 질문에 맞는 대답을 하며 본인의 이해도를 제고함.</td><td></td></tr>
<tr><td rowspan="4">정
리</td><td rowspan="4">전체
학습</td><td rowspan="2">학습내용
정리</td><td colspan="2">〈학습목표〉
• '논문' 작성법에 관해 구체적으로 설명할 수 있다.</td><td rowspan="3">4분</td><td rowspan="2"></td></tr>
<tr><td>▸ 본시 학습내용 정리
- 오늘의 학습목표를 확인하고, 배운 내용을 정리함.</td><td>▸ 본시 학습내용 정리
- 제시된 PPT를 보며 학습목표를 다시 확인하고, 교사의 정리를 기억함.</td></tr>
<tr><td>과제제시
및
차시예고</td><td>▸ 차시 예고
- 다음시간 배울 내용을 안내함.

▸ 과제 제시
- PPT로 과제를 홈페이지에 탑재한 내용 제시하며, 수행해 오도록 지도함.</td><td>▸ 차시 예고
- 제시된 PPT를 보고, 다음 시간에 배울 내용을 확인함.

▸ 과제 제시
- 제시된 PPT를 보고 과제를 숙지함.</td><td>○ PPT</td></tr>
<tr><td>끝인사</td><td>▸ 상호 인사
- 학생들과 밝게 인사하고, 수업을 마친다.</td><td>▸ 상호 인사
- 교사와 밝게 인사하고 수업을 마무리함.</td><td>1분</td><td></td></tr>
</table>

7. 판서 계획

〈학습목표〉

• '논문' 작성법에 관해 구체적으로 설명할 수 있다.

8. 동영상

http://www.baidu.com/s?ie=utf-8&f=8&rsv_bp=1&rsv_idx=1&tn=baidu&wd=%E5%86%99%E4%BD%9C%E8%AE%BA%E6%96%87%E6%AD%A3%E6%96%87

9. PPT 자료

3.『중국어』교과 중등교원 임용시험(1998~2020) '중국어 교과교육' 관련 기출문제

【1998 중등교원 임용시험 중국어 교과 기출문제】

01 우리말에는 많은 한자가 활용되고 있다. 이 점이 중국어 학습에 미칠 수 있는 긍정적인 영향과 부정적인 영향을 설명하시오. (7점)

【1999 중등교원 임용시험 중국어 교과 기출문제】

02 孔子는 풍부한 실천 경험을 가지고 도덕 수양을 중사함으로써 스스로 우수한 교사로서의 품성을 구비하였던 고대 중국의 위대한 사상가요 교육가이다. 다음의 4문장에서는 공자가 강조한 바람직한 교사가 되기 위해 갖추어야 할 기본적인 자질과 조건에 대하여 언급하고 있다. 이를 읽고 각 문항의 요구에 맞는 답안을 작성하시오.(12점)

① 教师要尽自己的社会职责, 应重视自身的学习修养, 掌握广博的知识, 具有高尚的品德, 这是教人的前提条件。要保持一种"学如不及, 犹恐失之"的积极精神状态, 时刻考虑的是不断进步, 孔丘说:"德之不修, 学之不讲, 闻义不能徙, 不善不能改, 是吾忧也。" 如果不学习, 不修养, 止步不前, 就会失去为师的条件, 这是值得忧虑的。他自觉努力学习, 好古敏以求之, 对学习永不满足, 认为"可与言终日而不倦者, 其惟学乎!"他自称好学入了迷, 达到""发愤忘食, 乐以忘忧, 不知老之将至云尔。" 他终生好学乐学, 创造了终生为师的条件。

② 衹能记诵的人, 不足以为人师。教师既要了解掌握过去政治历史知识, 又要借鉴有益的历史经验认识当代的社会问题, 知道解决问题的办法。旧知识是已有的认识成果, 是认识继续发展的基础, 复习旧知识时能积极思考联想, 扩大认识范围或将认识进一步深化, 从而获得新的知识。巩固旧知识与探索新知识, 两者之间存在辩证关系。教师负有传递和发展文化知识的使命, 既要注意继承, 又要探索创新。

③ 教育是高尚的事业, 需要有对学生有高度责任心, 对社会有高度责任心的人来为服务。孔丘从30岁左右开始办学, 40多年不间断地从事教育活动, 就在他从政5年间, 也仍然从事传授, 周游列国时, 也随处讲学。他实行来者不拒的方针, 晚年也没有停止传授工作, 培养了许多学生。这种精神不仅表现在毕生从事教育, 还表现在以耐心说服的态度教育学生, 有的学生思想品德较差, 起点低, 屡犯错误, 他也不加嫌弃, 耐心诱导, 造就成才。如子路, 被人视为无恒的庸人, 恶劣至甚, 但"孔子引而教之, 渐渍磨砺, 导爽进, 猛气消损, 骄节曲折, 卒能政事, 序在四科。" 把子路改造过来并成为突出的人才, 是这种精神的实践。

④ 教师应以自己合乎道德规范的行为给学生作出榜样, 凡提倡学生做的, 自己必先做到, 不要学生做的, 自己首先不做, 所说的和所做的一致, 才能在学生心目中树立威信。孔丘说:"其身正, 不令而行; 其身不正, 虽令不从。" 又说:"不能正身, 如正人何?"本身作风端正, 树立了好榜样, 不用下命令也能行得通, 本身作风不端正, 虽然下了命令, 也没有人愿意听从。自己都不端正, 如何去端正别人? 这些道理来自社会实际经验, 不仅对道德教育是活用的, 而且也具有普遍意义。

2-1 위 문장을 읽고 孔子가 강조한 교사로서의 자질과 조건에 대하여 400자 내외로 서술하시오.(8점)

【2000 중등교원 임용시험 중국어 교과 기출문제】

03 先秦时期 儒家와 墨家 등은 각각 나름대로 특정적인 교육 사상을 제시하였다. 다음 각 문장에서는 교사의 교육방법 및 영향에 대한 그들의 주장이 설명되어 있다. 이를 읽고 각 문항에 알맞은 답안을 쓰시오.

① 要使启发式具有针对性，产生实效，首先就要明了学生的个性特征和才能志趣。他说: "德行: 颜渊、闵子骞、冉伯牛、仲弓; 言语: 宰我、子贡; 政事: 冉有、子路; 文学: 子游、子夏。" 这就是后世(　　)一语的由来。此处是他就学生的才能特长辨西析分类。也有对学生个性优劣的分析记载，如: '由也果'、'赐也达'、'求也艺'、'柴也愚'、'参也鲁'、'师也辟'、'由也喭'等等。在熟悉和了解学生个别的实际情况后，他就能有的放失地运用各种灵活的方式，促进学生的主动求知精神，并到扬长避短、补偏救弊的效果。

② 他没有直接提出(　　)的原则，但在长期的教学实践中，却自觉或不自觉地履行这条重要原则。他对弟子进行教育决不是千篇一律，千人一义。他总是因人、因地、因时地不同而施以不同的教育，采用不同的教材和方法。他要求弟子: "能谈辩者谈辩，能说书者说书，能从事者从事。" 他的这种因地制宜、因人而异、量力施教的思想，至今仍有借鉴意义。

③ 他说: "流水之为物也，不盈科不行; 君子之志于道也，不成章不达。" 他借流水作比喻，流水在进行中必须充满坑穴才能继续前进; 所以君子有志于学问道德，没有一定的成就也不能融会贯通。他在别的地方也说过: "源泉……盈科而后进，放乎四海。" 他仍然流水作比喻，说明源泉滚滚往下流的江河，也是须把经过的地汪满，才能向前奔流，直至流到大海里去。

④ 他要求教师要努力､积极､主动地去解决问题，要永远起主导作用，决不可怠卷而被动｡他说："不强说人，人莫之知也｡"他又以撞钟为例说：'扣则鸣'，但还不够，更重要的是要：'虽不扣必鸣'，他反对教师'待问而后对'，'弗问不言'的被动施教，并驳斥某人"击之则鸣，弗击不鸣"的主张｡他在施教中，用了许多生动形象的例子来阐明教师从事教育必须起主导作用和充分发挥主观能力作用的重要｡

⑤ 他人为，高明的工匠不因为水平拙劣的学徒改变规矩，著名射手羿也不因为水平低下的射手变更拉弓的标准｡君子教育门人正如射手张满了弓弦，却不发箭，只作出跃跃式的姿势｡君子教人，置身于正确的模式中，有能力的门徒便跟着学习前进｡'引而不发'就是指拉满了弓弦而不发箭的意思，要学生自己去拉弓去发箭，教师不包办代替｡这是同"不愤不启，不悱不发"的｣本旨相同的地方｡总的原则是启发学生自己思考､自己动手，不主张包办代替的教育措施｡

3-1 윗글 ①, ②는 모두 교사의 교수 학습 방법에 대해서 설명하고 있는데, 그 내용을 20자 내외의 우리말로 요약하고, 주제어로 ( )안에 공통적으로 들어갈 4음절의 중국어를 쓰시오.(4점)

3-2 윗글③, ④, ⑤는 교육 방법상 교사가 수행해야 할 역할을 설명하고 있는데, 그것이 구체적으로 무엇인지 각각 20자 내외의 우리말로 기술하시오.(6점)

【2000 중등교원 임용시험 중국어 교과 기출문제】

04 고등학교 제 7차 교육과정에서는 학생들에게 교과목의 선택영역을 넓혀줌으로써 폭넓은 정서함양과 전인교육의 기회를 제공해주고 있다. 따라서 교사는 고상한 인격과 수준 높은 전공지식, 그리고 풍부한 실천경험을 가지고 전공 지식의 효과

적인 교수· 학습뿐만 아니라, 학생의 잠재능력과 적성 그리고 인성부분까지 알아보는 식견이 있어야 한다. 아래의 글은 교사와 학생 간에 일어난 따뜻한 감동의 이야기다. 다음을 읽고 각 물음에 답하시오.

> 在声乐专业招生考试中，初试成绩优异的考生陈伊玲在复试时大失水准，声乐专家苏林老师深入查访，慧眼识才，品艺兼优的陈伊玲终于通过了复试矣。
>
> 20岁的陈伊玲是从部队文公团专业回上海的，在200多名考生中，她的初试成绩列入优等。她唱的《二月里来》、《有一个良辰佳日》以灿烂的音色和深沉的感情惊动了四座。连一向以要求严格闻名的苏老师也颔首赞许。初选后，考试委员和旁听者都认为，陈伊玲将会顺利通过复试。可一周后的复试，她唱的那两支歌，都声音发涩，毫无光彩，听起来前后判若两人。
>
> 是录取她，还是不录取？考试委员会意见不一。爱才的苏老师亲自前往陈伊玲家查访。原来两三天前，台风袭击造成了电线走火，那里发生了火灾。热心助人的青年团员陈伊玲在里弄里帮着安置灾民整夜没睡，影响了嗓子，而第二天恰好是她复试的日子。苏老师一向认为，要成为一个真正的艺术家，首先要是一个高尚的人。陈伊玲品艺兼优，她终于被录取了。

4-1 이 글에 등장하는 교사가 평소에 지니고 있었던 교육관을 우리말 20자 내외로 요약 하시오.(4점)

4-2 교사의 자질을 가장 집약적으로 나타내면서 이 글의 제목으로 적당한 말을 본분에서 찾아 중국어로 쓰시오.(2점)

【2002 중등교원 임용시험 중국어 교과 기출문제】

05 사회교육 사상가로서의 孔子는 중국 고대의 노래 가사집인《诗经》을 중시했는데, 이는 "조화로운 인격을 형성하고, 성숙한 자아의식을 함양한다" 는 고등학교 제 7차 교육과정의 교육 목표에도 부합된다. 孔子가《诗经》을 중시한 까닭을 전통 儒家의 사회교육 사상과 연계시켜 아래 예시문의 내용을 활용하여 120자 내외로 논하시오.(5점)

> 子曰: "诗三百，一言以蔽之，曰: '思无邪'。"《论语·为政》
> 子曰: "兴于诗，立于礼，成于乐。"《论语·泰伯》
> 子曰: "吾自卫反鲁，然后乐正，雅颂各得其所。"《论语·子罕》
> (子曰:) "不学诗，无以言。"《论语·季氏》
> 子曰: "小子何莫学夫诗? 诗，可以兴，可以观，可以群，可以怨。迩之事父，远之事君，多识于鸟兽草木之名。"《论语·阳货》
> 子曰: "入其国，其教可知也。其为人也，温柔敦厚，诗教也。"《礼记·经解》
> 子曰: "诵诗三百，授之以政。不达，使于四方，不能专对，虽多亦奚以为?"《论语·子路》。

정답::

06 다음 문장들은 연속적으로 진행된 사건을 순서 없이 서술하고 있다. 제시된 ①번 문장 뒤로 이어질 예문들을 사건의 진행 순서에 따라 차례로 배열하여 그 번호를 쓰시오. (4점)

① **星期天，我在家里学炒土豆丝。** ② 我又把土豆切成许多小片，然后将罗起来的片再一次加工，切成丝，同时切好葱花。 ③ 我忙用菜铲在锅里翻来炒去，然后又放进酱油盐等佐料再炒。 ④ 点好了火，放上锅，锅里放好油。油热了，我放进葱花，紧接着又放土豆丝。 ⑤ 土豆丝炒好了，我把它放在菜盘里。 ⑥ 我把土豆去掉皮，洗干净。

정답: ①→ ______________________________

07 '安史의 亂'이래의 문인 사회 계층의 질적 변화, 文藝思潮的 변화, 白話의 대두 등 3가지 사항을 고려하여, '宋代 문학의 특징'을 총론, 시, 소설의 세 부분으로 나누어 총 250자 내외로 기술하시오.(8점)

정답:

____

____

____

____

____

____

____

____

____

【2003 중등교원 임용시험 중국어 교과 기출문제】

08 다음 대화를 읽고, 한글로 된 ①~③ 부분을 중국어로 작문하시오 . (영어 사용 불가) (6점)

> A: 買電腦買了多久了?
> B: ① 컴퓨터를 산 지 한 달 되었습니다. 但是電腦有一點兒怪怪的
> A: 我來看看, 我專業是電腦
> B: 對不起, 麻煩了
> A: 沒關系, ② 바이러스가 있어서, 컴퓨터가 고장이 났습니다. 好了, 現在解決問題了
> B: ③ 그러면 인터넷에 접속할 수 있습니까?

① ______________________________

② ______________________________

③ ______________________________

【2004 중등교원 임용시험 중국어 교과 기출문제】

09 제 7차 고등학교 외국어과 교육과정 (『중국어』II)의 총괄 목표 중 하나는 의사소통 능력을 배양하는 것이다. 다음 물음에 답하시오.

9-1 다음은 '의사소통 기능' 중 '일상적인 대인 관계'에 속하는 예시 문이다. 그 세부 기능 항목을 쓰시오.(2점)

> 王先生:
> 您好! 近来忙吗?
> 祝您身体健康，学习进步!

【2004 중등교원 임용시험 중국어 교과 기출문제】

10 다음을 중국어로 옮기시오. (총 6점)

10-1 劉美蘭은 1995년에 清華大學을 졸업했다. (1995年을 주어 앞에 놓지 않음) (2점)

10-2 나와 그 시인은 上海에서 한 번 만난 적이 있다. (2점)

10-3 작년에 그는 일주일간 중국을 여행했다. (어기조사 了를 사용하지 않음) (2점)

【2008 중등교원 임용시험 중국어 교과 기출문제】

11 밑줄 친 ㉠을 해석하고, 글에 나타난 漁父와 屈原의 체세관을 각각 25자 이내(띄어쓰기 포함하지 않음)로 설명하시오.(6점)

屈原既放，游于江潭，行吟泽畔，颜色憔悴，形容枯槁。渔父见而问之曰: "子非三闾大夫与？何故至于斯?"屈原曰: "举世皆浊，我独清，众人借醉，我独醒。是以见放。"渔父曰: "圣人不凝滞于物，而能与世推移。世人皆浊，何不何不淈其泥而扬其波？众人皆醉，何不哺其糟而歠其釃？何故深思高举，自令放为？"屈原曰: "吾闻之，㉠新沐者必弹冠，新浴者必振衣；安能以身之察察，受物之汶汶者乎？宁赴湘流，葬于江鱼之腹中。安能以皓皓之白，而蒙世俗之尘埃乎?"渔父莞尔而笑，鼓枻而去。乃歌曰: "沧浪之水清兮，可以濯吾缨；沧浪之水浊兮，可以濯吾足。"遂去，不复与言。"

㉠의 해석: ______________________________

渔父의 처세관: ______________________________

____

屈原의 처세관: ______________________________

【2009 중등교원 임용시험 중국어 교과 기출문제】

12 밑줄 친 부분의 중국어 번역문과 ( )에 들어갈 서식 용어로 적절한 것은? (2점)

> 学院领导:
>
> 您好!
>
> 来国际交流学院学习已经两年了，这两年经过老师的辛勤教育和自己的努力，汉语听、说、读、写的水平都有提高。汉语水平考试将于元月二十日在北京举行，为了做好充分准备迎接考试，<u>우리 반을 대표하여 저는 학교에서 HSK 준비반을 개설해 주시기 바랍니다</u>. 特向学院领导提出申请，请予批准为盼。
>
> ( )
>
> 敬礼!
>
> A班学生代表 玛丽
>
> 2008年11月9日

(번역)	(서식용어)
① 我代表我们班要求学院开办HSK辅导班。	此致
② 我代表我们班希望学院把HSK辅导班开办。	次之
③ 我希望学院为我们班代表开办HSK辅导。	此致
④ 我们班希望代表我们学院开办HSK辅导。	此致
⑤ 我们班代表希望我们学院开办HSK辅导。	次之

13 밑줄 친 부분의 중국어 번역문과 ( )에 들어갈 서식 용어로 적절한 것은? (2점)

(A)

文化教学是外语教学中一个重要的环节。学外语时，如果对该文化了解不够，就会导致交际上的障碍。因此在语言教学中导入文化因素是非常重要的。

学外语最重要的目的是培养交际能力，交际有语言的和非语言的交际。非语言交际指的是言语行为以外所有的交际行为。从这一点出发，我们首先把交际文化划分为语言交际文化和非与语言交际文化。语言交际文化是以称谓、委婉语、成语等语言形式表现出来的文化。非语言交际文化是以体态语、社交礼俗、生活习惯等非语言形式表现出来的文化。

(B1)

金英姬: 小华，听说王丽搬到新居了， 是真的吗?
李小华: 瞧，说曹操，曹操就到。问他自己吧!
金英姬: 唉，你怎么把王丽叫作曹操呢?
李小华: 这是指“正说着某人，某人就到”的意思。

(B2)

王明明: 我们什么时候吃你的喜糖?
金英姬: 什么糖? 我没什么糖。
王明明: 原来你不明白啊!“吃喜糖”是指结婚或者参加婚宴的意思。
金英姬: 啊! 我明白了，原来是问我什么时候结婚啊。

(C1)

韩国学生朴东浩到中国老师家拜访，老师给他倒了一杯茶，他并不渴，但出乎礼节，他喝完了那杯茶。老师见他喝完了，又给他满上一杯，他又喝完了刚满上的那杯。如此反复多次，他竟喝了十大杯! 这位学生感到实在受不了，就起 身告辞了。事后他对其他几名留学生说:“以后到中国人家里作客，可不要随 便喝茶呀!”

(C2)

元宵节朴东浩到一位中国朋友去看京剧。京剧脸谱五颜六色、种类繁多。当他们刚坐好，京剧就开场了。首先上台的是一位彪形大汉，很魁梧，也很气派。接着上场的是个小白脸，小白脸一上场台下观众就开始起哄，连孩子都嚷“小坏蛋出来了，小坏蛋出来啦”。朴东浩不理解为什么这个人一出场大家就表示如此的愤怒。这时，他的中国朋友告诉他说，脸谱的颜色很重要，因为在京剧中脸谱的颜色象征不同的人物性格。红脸象征忠诚；黑脸象征正直；白脸表示阴 险。原来是这样，各种颜色都蕴涵着不同的含义啊!

13-1 在文章(B1)和文章(B2)里金英姬遇到了一些交际上的问题。根据文章(A)所阐述的内容，分析其原因，并提出教学方案。[10점]

要求: 字数200字左右(10行左右)

13-2 在文章(C1)和文章(C2)里朴东浩遇到了一些交际上的问题。根据文章(A)所阐述的内容，分析其原因，并提出教学方案。[10점]

要求: 字数200字左右(10行左右)

14 韩国跟中国同属汉字文化圈。韩国人有一定的汉字知识，韩语中汉字词所占的比率也相当。在这种条件下，以韩语为母语的学生学习汉语时，既有有利的一面，也有不利的一面。请叙述韩国学生学习汉语词时的有利之处和不利之处，有利之处和不利之处各分意义和读音两方面加以叙述。[30점]

要求: 1. 四个方面各举两个例子。

2. 字数400字左右(20行左右)

15 请阅读下面韩国学生的作文，回答问题。(25점)

> 我以前没去过北京，去年暑假应哥哥的邀请，旅行北京。我和哥哥已有两年没见面，我希望了早日见到哥哥。到了北京，哥哥说几个月前已经找到了一份工作，我听了也很高兴。北京是中国的首都，中外驰名的美食样样都有。我

哥哥想让我尝尝北京烤鸭的美味，带到了我全聚德烤鸭店。烤鸭跟许多中国名菜一样讲究色、香、味俱全。鸭子烤熟后，厨师亲自把烤熟的鸭子趁热切薄片，供到餐桌上。吃烤鸭真是一大享受！我们走出餐厅，欣赏了北京的夜景之后，回来宿舍了。

15-1 请找出五个含有语病的分句，并加以改正。(10점)

15-2 请针对每个病句提出适当的教学方案。(15점)

16 请阅读下文，回答问题。(25점)

(A)

一个文学运动的兴起，应以有一个政治思想倾向、文学主张、艺术风格大致相近的作家群体为前提。唐代古文运动以韩愈、柳宗元为倡导，有一套较为系统、明确的文学主张和创作宗旨。

首先，在思想内容方面，他们主张‘文以载道’、‘文以明道’，即强调儒家圣人之道为原本。也就是说，他们之所以倡导古文，目的是尊崇古道。例如，韩愈的〈师说〉从儒道教学的角度倡导师道，抨击世俗之见。柳宗元说的‘道’的概念与韩愈有些不同，他的思想兼容百家，但其根据仍在于百家思想有与儒家圣人之道相同之处。他们反对空言论道，而力主世致用。比如说，他们把明道与事功相结合，与反对佞佛崇老的社会风尚、抨击藩镇割据、加强中央集权等社会政治改革相结合，力图以振兴儒道，解决社会现实问题。

其次，在语言形式方面，他们反对‘丽偶章句’的骈文，提倡学习先秦西汉的古文。韩愈自称“非三代两汉之书不敢观，非圣人之志不敢存”。但他学古而不泥古，对古人，主张在学古的基础上创新出奇；并对此提出具体要求：一是反对因袭模仿，二是要 求运用平易流畅的口语化的语言。结果，韩柳的古文继承发展了先秦两汉散文，以散体取代了骈体，大大拓展了散文的社会和文学功能，打破了骈文的一统天下，并开创了古文运动的新局面。

(B)

‘五四’时期的‘文学革命’指当时文学界从语言形式到思想内容各方面进行的一 系列变革。当时系统地提出主张的是胡适和陈独秀。胡适的文学主张，主要体现在两篇文章中。一篇是发表于1917年《新青年》的〈文学改良刍议〉，核心是所谓‘八事’，即: 一曰须言之有物，二曰不模仿古人，三曰须讲求文法，四曰不作无病之呻吟，五曰 务去烂调套语，六曰不用典，七曰不讲对仗，八曰不避俗字俗语。另一篇是发表于1918年《新青年》的〈建设的革命文学论〉，提出了所谓‘十字宗旨’，即: 国语的文学， 文学的国语。

继胡适的〈文学改良刍议〉，陈独秀在《新青年》发表了〈文学革命论〉，不仅支持胡适的文学主张，还把该文的‘三大主义’作为反对封建旧文学的口号: 曰推倒雕琢 的阿谀的贵族文学，建设平易的抒情的国民文学; 曰推倒陈腐的铺张的古典 文学，建设 新鲜的立诚的写实文学; 曰推倒迂晦的艰涩的山林文学，建设明了的通俗的 社会文学。

胡适主要主张语言形式的改革，陈独秀主要主张思想内容的改革。这两人的文学主 张为‘文学革命’运动提供了理论基础，也成为初期‘文学革命’运动的宣言书。

文章(A)讲述的是关于唐代古文运动的内容，文章(B)讲述的是关于‘五四’时期‘文学革命’运动的内容。根据文章(A)和(B)，从思想内容与语言形式的角度，论述两个文学运动的异同。

要求: 1. 四个方面各举两个例子。

2. 字数400字左右(20行左右)

【2010 중등교원 임용시험 중국어 교과 기출문제】

※ 全部考题须用汉语回答。(19~22)

17 阅读下文后，回答问题。(25分)

(A)

“迁移”原来是心理学的一个概念，指先行学习对后续学习所产生的某种影响作用。迁移有三种情况：第一，先行学习对后续学习发生积极影响而起促进作用的，称为“正迁移”。第二，先行学习对后续学习产生消极影响而起干扰作用的，称为“负迁移”。第三，先行学习对后续学习不发生任何影的，“零迁移”。

对比分析引入迁移理论，把学习者对母语的掌握作为先行学习，把第二语言的学习作为后续学习，认为母语与目的语相同的部分，可能发生正迁移；不完全相同，具有合并、分裂等关系的，或在两个语言中，一个有，另一个没有的语言项目，在学习时则可能发生负迁移；完全不同，没有关系的，则发生零迁移。

(B1)

有的中国学生搞不清楚某些英语的辅音是清音还是浊音，常常把‘pen(笔)’和‘Ben(男子名)’、‘ten(十)’和‘den(兽穴)’、‘chet(男子名)’和‘jet(喷气发动机)’等相混淆。

(B2)

(1) 我以为我爸爸不给我关心。

(2) 在北京生活了两年半以后，到韩国回去了。

例(1)、例(2)是韩国学生造的句子。例(1)中的动词‘关心’可直接带宾语，所以没有必要使用介词‘给’。例(2)‘到韩国’应该放在‘回’的后面，但却放到了主要谓语动词‘回’的前面。

根据上文(A)所阐述的内容，具体分析上文(B1)和(B2)的两种现象产生的原因，并提出教学方法。

要求 1. 须以论述的形式回答。

2. 字数: 500字左右(25行左右)

18 下面三个例子都是有歧义的。请找出各例子中可能出现的所有歧义(只考虑陈述语气)，并从语言生成的角度分析这些歧义结构。(25分)并提出教学方法。

(1) 鸡不吃了

(2) 菜不热了

(3) 没有穿破的衣服

要求 1. 须以论述的形式回答

2. 字数: 500字左右(25行左右)

19 阅读下文后，回答问题。(25分)

○ 部件(或称字素)，是由笔画组成的具有组配汉字功能构字的单位。 ○ 语素，是最小的语音语义结合体，是构词的与语言单位，也是语法中最小的区别性单位。

有些汉字既是组成合体字的构字成分(部件)，又是组成合成词的构词成分(语素)。请举例说明把这些汉字组合成合体字和合成词的过程，并叙述怎样把它运用到实际汉语词汇教学中去。

要求 1. 须以论述形式回答

2. 举例说明时，须列举三组例子

3. 字数：400字左右(20行左右)

20 阅读下文后，回答问题。(25分)

(A)

故园东望路漫漫，双袖龙钟泪不干。马上相逢无纸笔，凭君传言报平安。

- <逢入京使> -

(B)

相见时难别亦难，东风无力百花残。春到死死丝方尽，蜡炬成灰泪始干。

晓镜但愁云鬓改，夜吟应觉月光寒。蓬山此去无多路，青鸟殷勤为探看。

- <无题> -

22 汉语语法教学应该重视对主语、谓语、宾语等句子成分概念的理解。下面(A)、(B)、(C)三组中，每组(1)中的划线部分都是主语，(2)中的划线部分都是宾语。请先说明每组(1)中的主语部分和谓语部分的语法关系，再将每组(1)中划线部分的主语和(2)中划线部分的宾语加以对比分析，最后概括出汉语主语的语法特征。(25分)

要求: 分析主语和宾语时，请使用如下语法术语: 定指(有定)、不定指(无定)、已知信息、新信息、施事(动作者)、受事(动作接受者)、处所。

> (A) (1) 那本小说我已经读过了。
>
> (2) 我今天读了一本小说。
>
> (B) (1) 那个村庄里住着一个姓王的人。
>
> (2) 老王住在一个村庄里。
>
> (C) (1) 客人已经来了。
>
> (2) 来客人了。-

23 阅读资料(A)、(B), 回答问题。(25分)

> (A)
>
> (1) 爸 bà [pa] → 爸爸 bàbɑ [bə]
>
> (2) 腐 fŭ [fu] → 豆腐 dòufu [f]
>
> (3) 妹 mèi [meɪ] → 妹妹 mèimei [me]
>
> (4) 见 jiàn [tɕiɛn] → 看见 kànjiɑn [dʑiɛn]
>
> (5) 花 huā [xua] → 棉花 miánhuɑ [xuə]
>
> (6) 筝 zhēng [tʂəŋ] → 风筝 fēngzheng [dʐ̥əŋ]
>
> (B)
>
> (1) (a) 多少: 你能说多少就说多少。
>
> (b) 多少: 那场胜利来得多少有些意外。
>
> (2) (a) 鱼子: 鱼子是一种营养丰富的食品。
>
> (b) 剪子: 小朋友喜欢玩"拳头剪子布"游戏。

23-1 (A)是用国际音标描写的读轻声时的语音变化资料。请分别叙述例(1)至例(6)的划线部分在语音上的变化，之后概括出读轻声时声母和韵母的语音变化特点。(15分)

要求：叙述语音变化时，请务必使用汉语语音学上的术语，必要时请描述发音方法或舌位的变化

23-2 轻声与否可能会对词或词素的语义、功能产生影响。请先分析(B)(1)(a)的"多少"和(B)(1)(b)的"多少"在语义、词性(词类)上的不同，再分析(B)(2)"鱼子"的"子"和"剪子"的"子"在语义、构词功能上的不同。分析时一并提出适当的教学方法。(10分)

要求：叙述语音变化时，请务必使用汉语语音学上的术语，必要时请描述发音方法或舌位的变化

24 (A)和(B)为中国古代文学批评文章，(C)和(D)为中国现代文学作品。请分别叙述(A)和(B)作者D)的内容，以此为基础对(C)和(D)作者的创作倾向进行对比叙述。(25分)

要求: 叙述时，务必写出作者的名字。

(A)

○洎周衰秦兴，采诗官废，上不以诗补察时政，下不以歌泄导人情。……(略)……每与人言，多询时务;每读书史，多求理道。始知文章合为时而著，歌诗合为事而作。(《与元 九书》)

○今褒贬之文无核实，则惩劝之道缺矣;美刺之诗不稽政，则补察之义废矣。……(略)……俾辞赋合炯戒讽谕者，虽质虽野，采而奖之。(《议文章》)

(B)

○杨诚斋曰:"从来天分低拙之人，好谈格调而不解风趣，何也? 格调是空架子，有腔口易描，风趣专写性灵，非天才不办。"余深爱其言，须知有性情便有格律，格律不在性情外。三百篇半是劳人思妇率意言情之事。(《随园诗话》卷一)

○且夫诗者由情生者也。有必不可解之情，而后有必不可朽之诗。情所最先，莫如男女，古之人屈平以美人比君，苏、李以夫妻喻友，由来尚矣。(《答蕺园论诗书》)

(C)

他站住了，脸上现出欢喜和凄凉的神情；动着嘴唇，却没有作声。他的态度终于恭敬起来了，分明的叫道:"老爷！……"……(略)……我问问他的景况。他只是摇头。"非常难。第六个孩子也会帮忙了，却总是吃不够……又不太平……什么地方都要钱，没有定规……收成又坏。种出东西来，挑去卖，总要捐几回钱，折了本；不去卖，又只能烂掉……"他只是摇头；脸上虽然刻着许多皱纹，却全然不动，仿佛石像一般。他大约只是觉得苦，却又形容不出，沉默了片时，便拿起烟管来默默的吸烟了。(《故乡》)

(D)

……(略)……

我不知道风
是在哪一个方向吹—

我是在梦中,
她的温存，我的迷醉。
我不知道风
是在哪一个方向吹—
我是在梦中,
甜美是梦里的光辉。
我不知道风
是在哪一个方向吹—
我是在梦中,
她的负心，我的伤悲。
……(略)……　　　　(《猛虎集·我不知道风是在哪一个方向吹》)

【2011 중등교원 임용시험 중국어 교과 기출문제】

25 다음 초빙 공고의 내용과 일치하는 것은?(1.5점)

XX外语外贸大学2012年教师招聘公告

XX外语外贸大学是国际化特色鲜明的教学研究型大学。因学校事业发展需要，现向国内外公开招聘新闻与传播学院广告系广告设计方向教师1名。现将招聘工作有关事项公告如下:

一、招聘条件

1. 具有艺术设计或广告学硕士学位，且本科为艺术设计类专业。
2. 精通英语，口语流利，口译与笔译能力强，有海外留学或工作经历者优先。
3. 具有较强的广告设计方面的专业能力，能熟练运用各类平面设计和动漫设计软件，精通新媒体技术。

二、招聘程序和办法

1. 报名方式: 应聘者可选择网上投递或邮寄的方式提交应聘材料。
2. 报名要求: 应聘材料应包括〈招聘人员报名表〉(详见附件)、附有照片的个人简历、学历学位证书和成绩单、两为同行专家的推荐信(其中至少一位是业界专家)及其他证明材料(如工作经历等)。

① 학부와 석사 학위는 광고학 전공에 한한다.

② 광고 디자인 능력보다 강의 능력을 우선시 한다.

③ 지원서는 인터넷으로만 접수한다.

④ 지원서는 개인의 이력서로 대체한다.

⑤ 동일 분야 전문가 2명의 추천서를 제출해야 한다.

※ 所有答卷都必须用汉语书写。(26~29)

26. 汉语语法偏误类型一般可分为错序、遗漏、误加、混用等四种。下面是属于汉语强调范畴的六个句子。首先，请找出哪些句子存在偏误，改正后，再对这些偏误的类型进行归纳。然后，参考这些例句，阐述汉语表示强调的方法及其主要语法特点。最后，使用汉语语法教学中的情景法，从展示、解释、练习三个环节着手，就例(2)的强调句式提出相应的教学方法。(25分)

(1) 他学习非常努力，连一次都没请过假。
(2) 这件衣服不在百货商场买的，是朋友送的。
(3) 昨晚我睡了就一个小时的觉，现在很困。
(4) 不知怎么回事，今天没胃口，我怎么都不想吃。
(5) 不能再拖了，这个问题非今天解决不可。
(6) 你不告诉我，我哪儿知道这件事了啊?

27. 阅读资料(A)、(B)，回答问题。(25分)

请先叙述音素、音位的定义，并举例说明音位归纳普遍采用的对立原则和互补原则; 再根据(A)的内容和(B)表中例字的实际读音，分别叙述汉语拼音字母i 所代表的三个音素和音位/i/的三个变体出现的环境。

要求: 叙述出现环境时，分别写出相对应的表中所有例字。

(A)

(1) 语拼音是利用拉丁字母制订出来的拼写普通话语音的字母，不同于一个符号只代表一个音素的国际音标。汉语拼音只采用25个拉丁字母加上一些符号增补，就能用来描写普通话语音系统的32个音素，可以说它基本上就是普通话的音位系统。教师在进行普通话语音教学时，就有必要掌握一些重要的语音单位，如音素、音位、音位变体等。

(2)《汉语拼音方案》基本上是根据音位原则对普通话的音素加以分析和归纳的，但是《方案》拟定的毕竟是一种拼写语音的字母，要考虑容易认、容易学，还要照顾拉丁字母与语音配合的传统习惯，因此有些地方也并不完全迁就音位归纳的要求。

(B)

汉语拼音字母i 的实际读音可以表现为 [i]、[ɿ]、[ʅ]三个音素；普通话高元音/i/有 [i]、[I]、[j]三个主要音位变体。下表所列举的就是与这两种语音特征相对应的具体例字。

汉语拼音字母 I	吉 日 逆 侍 帝 器 黎 毕 稚 持 皮 资 慈 谜 司 席 替
音位 /i/	杨 贷 泪 催 窑 优 基 鸭 椰 飘 乖 言 冰 津 佳 接 柳 边 姜

28. 阅读资料(A)、(B)，回答问题。(25分)

(A)

(1) 别1bié 分离

别2bié 区分；区别

别3bié 用别针等把另一样东西附着或固定在纸、布等物体上

别4bié 表示禁止或劝阻

(2) 跟 gēn ❶ (~儿)脚的后部或鞋袜的后部 ❷ 在后面紧接着向同一方向行动 ❸ 指嫁给某人 ❹ 引进动作的对象 ❺ 表示联合关系

(3) 卦 guà 古代的占卜符号，后也指迷信占卜活动所用的器具

挂 guà 借助于绳子、钩子、钉子等使用物体附着于某处的一点或几点

(B)

有些广告常常会对成语略加巧妙的改动，从而达到特殊的修辞效果。例如: 随心所 浴(热水器广告)、油备无患(清凉油广告)、百文不如一键(电脑广告)等，即是如此。

28-1 (A)是《现代汉语词典》对一些同形同音词、异形同音词、多义词的部分释义; (B)介绍了几个改换了成语的广告语。首先，请指出(A)(1)、(A)(2)、(A)(3)中的例词各属何种类型。然后，解释《现代汉语词典》使用不同释义方式的原因。最后，写出(B)中各个成语的原形和原义，并说明各广告语是如何达到修辞效果的。(15分)

28-2 采用义项辨析法，以"别"和"跟"为例，提出相应的汉语词语教学方法。(10分)

要求: 提出教学方法时，务必就(A)中"别"和"跟"的每一个义项举出相应的例句，并辨析其词性。

29. (A)(1)和(A)(2)都是中国新文化运动时期的文学主张，(B)是中国古典文学作品。首先，请以(B)中的作品为例，论述(A)(1)对中国古典文学的看法。然后，阐明(A)(1)和(A)(2)观点的不同之处。(25分)

要求: 1. 可使用(A)中的词或词组，但不得引用整个句子。

2. 论述时，务必提到(B)中所有作品。从各作品中引用句子时，字数不得超过20个。

(A)

(1)《国风》多里巷猥辞，《楚辞》盛用土语方物，非不斐然可观。承其流者两汉赋家，颂声大作，雕琢阿谀，词多而意寡，此贵族之文古典之文之始作俑也。……(略)……诗之有律，文之有骈，皆发源于南北朝，大成于唐代。更进而为排律，为四六。此等雕琢的阿谀的铺张的空泛的贵族古典文学，极其长技，不过如涂脂抹粉之泥塑美人，以视八股试帖之价值，未必能高几何，可谓为文学之末运矣!

(2) 若尽废古书，行用土语为文字，则都下引车卖浆之徒，所操之语，按之皆有文法，不类闽广人为无文法之啁啾。据此则凡京津之稗贩，均可用为教授矣。若《水浒》《红楼》，皆白话之圣，并足为教科之书，不知《水浒》中辞吻，多采岳珂之《金陀萃篇》;《红楼》亦不止为一人手笔，作者均博极群书之人。总之，非读破万卷，不能为古文，亦并不能为白话。

(B)

(1) 话说鲁智深走过数个山坡，见一座大松林，一条山路; 随着那山路行去，走不得半里，抬头看时，却见一所败落寺院，被风吹得铃铎响; 看那山门时，上有一面旧朱红牌额，内有四个金字，都昏了，写着“瓦官之寺”。又行不得四五十步，过座石桥，入得寺来，便投知客寮去。只见知客寮门前，大门也没了，四围壁落全无。智深寻思道: “这个大寺如何败落得恁地?”

(2) 云梦者方九百里。其中有山焉。其山则盘纡岪郁，隆崇嵂崒，岑崟参差，日月蔽亏。交错纠纷，上干青云。罢池陂陁，下属江河。其土则丹青赭垩，雌黄白坿，锡碧金银，众色炫耀，照烂龙鳞。其石则赤玉玫瑰，琳瑉琨珸。瑊{玏玄厉，碝石碔砆。

(3) 昏旦变气候，山水含清晖。清晖能娱人，游子憺忘归。出谷日尚早，入舟阳已微。林壑敛暝色，云霞收夕霏。芰荷迭映蔚，蒲稗相因依。披拂趋南径，愉悦偃东扉。虑澹物自轻，意惬理无违。寄言摄生客，试用此道推。

(4) ……(略)……

听妇前致词，三男邺城戍。一男附书至，二男新战死。存者且偷生，死者长已矣。室中更无人，惟有乳下孙。有孙母未去，出入无完裙。老妪力虽衰，请从吏夜归。急应河阳役，犹得备晨炊。夜久语声绝，如闻泣幽咽。天明登前途，独与老翁别。

【2011 중등교원 임용시험 중국어 교과 기출문제】

30. (가)~(다)의 내용과 제목 ㉠, ㉡에 대한 설명으로 옳은 것은?(2分)

(가) 通 知

按照校历，学校将于明年1月13日开始放寒假。凡本学期结束时应离校的留学生，如下学期愿继续学习汉语或入系学习专业，请于11月13日至17日到留学生办公室领取延长申请表，并于11月23日前将填好的表交回留学生办公室，过期将不予办理。我们将于12月下旬公布同意延长的留学生名单。

(나) ㉠

女，30岁，身高1.63米，在本市某事业单位做财务工作。品貌兼优，性格开朗，爱好文艺，重感情。觅35岁以下，有责任感的男士，有意者请信寄北京1611信箱李美兰收转。有信必复，邮政编码：100101。

다) ㉡
本地区公安局今日破获了几个专门盗窃摩托车的犯罪集团，收缴了一批被盗的摩托车。请失主凭本人身份证和失窃摩托车的执照，于3月31日之前来本公安局103号办公室认领。过期本公安局将自行处理。

① (가) : 모든 유학생은 11월 23일까지 연장 신청서를 제출해야한다.
② (나) : 35세 이하의 책임감 있는 남자가 편지를 보내면 반드시 회답을 할 것이다.
③ (다) : 오토바이를 찾기 위해서는 본인 신분증과 오토바이 분실 신고증이 있어야 한다.
④ ㉠ : 들어갈 말은 '寻人启事'이며, 결혼할 배우자를 찾는다는 의미이다.
⑤ ㉡ : 들어갈 말은 '寻物启事'이며, 물건을 찾아가라는 의미이다

※ 所有答卷都必须用汉语书写。(31~34)

31. 先找出下面对话中在趋向补语使用上所存在的偏误，予以改正并说明理由。然后，就改正后的各个趋向补语的基本意义和引伸意义，分别举出例句加以说明。最后，针对这几个趋向补语，运用全身反应法提出具体的教学方法。(25分)

要求: 在说明每个趋向补语的引伸意义时，须说出对话中未出现的其他两种引伸意义。

A: 王丽在吗? B: 你以前好像来过我们这儿，叫"刘"什么来着，我还一时想不起来了。 A: 我叫刘佳，是王丽的老同学。 B: 对了，是你。你找她有什么事? A: 我下个月就要回上海去了，走之前想跟她吃顿饭。 B: 真不巧你来晚了一步，她刚回家。 A: 她怎么这么忙，一下班就往家里跑。 B: 她呀，又要上班，又要照顾老人和孩子，都忙活不下来了。 A: 说起来，像她这样，上有老，下有小，确实挺累。 B: 前几天她母亲刚出院，这不，孩子又生病起来，下了班就急着赶回去了。 A: 我说，王丽一个人忙里忙外，这么多年能坚持下去真不容易。 B: 可不，赶明儿你再找个时间约她好好聊聊，让她舒舒心。

32. 阅读资料(A)、(B)，回答问题。(25分)

(A)

(1) 古人在作诗时，极讲究格律，平仄就是最重要的格律之一。所谓“平”，就是古四声中的平声;所谓“仄”，就是古四声中的上声、去声和入声。要辨别“平仄”，可利用现代汉语。辨别时，只要将普通话阴平字、阳平字中的古入声字挑出来，剩下的阴平字和阳平字就是平声字，挑出来的古入声字跟普通话的上声字、去声字合在一起，就是仄声字。

(2) 判别古入声字，可以借助韩国的汉字音。比如，用韩国的汉字音念一首古诗，其中以辅音-p、-l、-k收尾的字就是古入声字。

(B)

(1) 白日依山尽，黄河入海**流**。欲穷千里目，更上一层**楼**。(王之涣《登鹳鹊楼》)

(2) 床前明月**光**，疑是地上**霜**。举头望明月，低头思故**乡**。(李白《静夜思》)

(3) 松下问童子，言师采药**去**。只在此山中，云深不知**处**。(贾岛《寻隐者不遇》)

*每首诗的韵脚字标有粗体。

32-1 根据(A)(1)、(A)(2)的内容，归纳出(B)(1)中每一个字的平仄。然后，用现代汉语拼音分析(B) 中三首诗七个韵脚字的韵母结构，并按照四呼进行归类。(15分)

32-2 汉语中ü行韵母和若干声母拼合时，可省略两点写成u。从声韵配合规律的角度对为何作出如此规定加以解释。然后，就这一教学难点，结合声母设计三组语音对比练习，说明每组练习中两个音节发音上的差异，同时提出适当的教学方法。(10分)

要求: 1.设计对比练习时，各组之间的韵母必须不同，声调则限于阴平。

2.每组对比练习，声母限于j、q、x和z、c、s，由发音方法相同的声母构成，而且韵母的书写形式必须相同。

33. 现代汉语的词汇、语法大部分继承了古代汉语的特征，但仍有一定的变化。资料(A)为一些词在《古代汉语词典》和《现代汉语词典》中的释义;资料(B)为古代汉语的一些例句。首先，根据资料(A)，说明各个词的意义变化后，按词义变化的三种类型加以归类。然后，将资料(B)中的划线部分译成现代汉语，根据两者不同之处，说明各例句在古今汉语语法上的差异，再从词法、句法两个角度加以归类总结。(25分)

要求: 说明古今汉语语法上的差异时，勿将"双音节化"这一特征包括在内。

	《古代汉语词典》中的第一义项	《现代汉语词典》中的第一义项
走	跑/疾行	人或鸟兽的脚交互向前走动
江	长江	大河
快	高兴/称心	速度高/走路､做事等费的时间短
宫	房屋	帝后太子等居住的房屋
虫	虫子/动物的通称	虫子
行李	使者	出门时所带的包裹､箱子

(B)

(1) 子不我思，岂无他人?《诗经·郑风》

(2) 吾谁欺?欺天乎?《论语·子罕》

(3) 逢蒙学射于羿｡《孟子·离娄》

(4) 左股有七十二黑子｡《史记·高祖本纪》

(5) 宜悉王诸功臣｡《后汉书·刘玄传》

(6) 小学而大遗，吾未见其明也｡《师说》

34. 下面(1)~(4)阐述的是关于中国文学史上对“小说”的一些认识｡首先，分别就(1)~(4)所反映的有关小说的认识及这些认识在文学史上的意义加以叙述，然后，再将(1)~(4)按对小说的认识变化顺序进行重新排列｡(25分)

要求: 1.以划线部分为中心加以叙述｡(25分)

2.在进行重新排列时，只须书写序号。

(1) 欲新一国之民，不可不先新一国之小说。故欲新道德，必新小说;欲新宗教，必新小说;欲新政治，必新小说;欲新风俗，必新小说;欲新学艺，必新小说;乃至欲新人心，欲新人格，必新小说。《论小说与郡治之关系》

(2) 小说家者流，盖出于稗官，街谈巷语，道听涂说者之所造也。孔子曰:"虽小道，必有可观者焉，致远恐泥。是以君子弗为也，然亦弗灭也，闾里小知者之所及，亦使缀而不忘，如或一言可采，此亦刍荛狂夫之议也。《汉书·艺文志》

(3) 古今稗官野史不下数百千种，而《三国志》、《西游记》、《水浒传》及《金瓶梅演义》，世称四大奇书，人人乐得而观之。《儒林外史序》

(4) 变异之谈，盛于六朝，然多是传录舛讹，未必尽幻设语，至唐人乃作意好奇，假小说以寄笔端。《少室山房笔丛》

【2014 중등교원 임용시험 중국어 교과 기출문제】

※ 如无特别要求，所有答卷都必须用汉语简体字书写。(서술형: 35~37)

35. 阅读下面寓言，请将划线部分翻译成现代汉语，并用现代汉语写出该寓言的主题。(4分)

鹿畏貙，貙畏虎，虎畏罴。罴之状，被发人立，绝有力而甚害人焉。楚之南有猎者, 能吹竹为百兽之音。寂寂持弓矢罂火而即之山, 为鹿鸣以感其类, 伺其至, 发火而射之 。貙闻其鹿也, 趋而至。其人恐, 因为虎而骇之。貙走而虎至, 愈恐, 则又为罴, 虎亦亡去。罴闻而求其类, 至则人也, 捽搏挽裂而食之。今夫不善内而恃外者, 未有不 为罴之食也。

- 柳宗元《罴说》

36. 下面的内容节选自鲁迅的作品。阅读后请分别概括出(A)、(B)的内容，并用一个句子写出作者通过这两段话要传达的意思。(3分)

> (A) 这以前，我的心也曾充满过血腥的歌声：血和铁，火焰和毒，恢复和报仇。而忽然这些都空虚了，但有时故意地填以没奈何的自欺的希望。希望，希望，用这希望的盾，抗拒那空虚中的暗夜的袭来，虽然盾后面也依然是空虚中的暗夜。然而就是如此，陆续地耗尽了我的青春。
>
> (B) 我只得由我来肉薄这空虚中的暗夜了，纵使寻不到身外的青春，也总得自己来一掷我身中的迟暮。但暗夜又在那里呢？现在没有星，没有月光以至没有笑的渺茫和爱的翔舞；青年们很平安，而我的面前又竟至于并且没有真的暗夜。绝望之为虚妄，正与希望相同！

※ 如无特别要求，所有答卷都必须用汉语简体字书写。(논술형: 37~38)

37. 请先写出“被”字句的主要语法特点，再以(B)的三个“被××”式新词语为例，分别说明造成“语法荒谬”的原因。最后请分析这些新词语广为流行的社会原因。(10分)

(A) 最近几年中国大陆一系列"被××"式新词语在互联网上广为流行，中国网民在"就业"、"资源"、"增长"、"小康"、"代表"、"捐款"等词语前加上"被"字。这些"被"字式语法上看似荒谬，但这正揭示了社会中的荒谬现象。从开始出现这一现象到现在一路走来没有什么不可以"被如何"的，除了还没有想到的。从"被就业"到"被增长"，再到"被全勤"、"被和谐"，广大网友惊呼"被时代"来临了，就像是在喊"狼来了"。从这些红极一时的"被"词语来看，"被时代"来临确实不是什么好事。我们已经进入"被时代"，或者说，早就生活在这样的时代，只是没有像今天这样感慨。进入"被时代"，无疑是我们所不愿看到的，因此这个词语一面世就引来了激烈的讨论。

(B)

- 被就业：某一大学生在他毫不知情的情况下，学校替他与某公司签订了就业协议书，而他连这家公司都没听说过。即他在工作毫无着落的情况下"被就业"，正是学校方面为提高就业率弄虚作假的结果。
- 被小康：某市要进行小康达标情况调查，地方政府让受访者按已下发的标准答案回答。于是，生活在小康水平之下的群众，一夜之间就"被小康"了。
- 被和谐：人们下班，可以顺手在马路集市的摊贩那里买点便宜东西，可有一天为创建文明街道城管大行动，摊贩不见了，人们会说"被和谐"了。

38. 阅读下面的四段话，请写出各段的核心意思，并以(A)和(B)为依据，对(C)和(D)的主张加以评论。(10分)

(A) 子曰：质胜文则野，文胜质则史，文质彬彬，然后君子。-《论语·雍也》

(B) 有根株于下, 有荣叶于上, 有实核于内, 有皮壳于外。文墨辞说, 士之荣叶皮壳也。实诚在胸臆, 文墨著竹帛，外内表里, 自相副称, 意奋而笔纵, 故文见而实露也。

- 王充《论衡·超奇》

(C) 而且一种美的文学，纵或它没有什么可以教我们，而它所给我们的美的快感与慰安，这些美的快感与慰安对于我们日常生活的更新的效果，我们是不能不承认的。

- 成仿吾《新文学之使命》

(D) 但我以为当先求内容的充实和技巧的上达，不必忙于挂招牌。"稻香村"，"陆稿荐"，已经不能打动人心了，…… (略) ……一说"技巧"，革命文学家是又要讨厌的。但我以为一切文艺固是宣传，而一切宣传却并非全是文艺，这正如一切花皆有色(我将白也算作色)，而凡颜色未必都是花一样。革命之所以于口号，标语，布告，电报，教科书……之外，要用文艺者，就因为它是文艺。 - 鲁迅《文艺与革命》

【2014 중등교원 임용시험 중국어 교과 기출문제】

39. 请阅读下面的短文，写出其主题并将文中划线的部分翻译成现代汉语。(5分)

《书》曰："纣有臣亿万，惟亿万心；周有臣三千，惟一心。"纣之时，亿万人各异心，可谓不为朋矣，然纣以亡国。周武王之臣三千人为一大朋，而周用以兴。后汉献帝时，尽取天下名士囚禁之，目为党人。及黄巾贼起，汉室大乱，后方悔悟，尽解党人而释之，然已无救矣。唐之晚年，渐起朋党之论。及昭宗时，尽杀朝之名士，或投之黄河，曰："此辈清流，可投浊流。"而唐遂亡矣。夫前世之主，能使人人异心不为朋，莫如纣；能禁绝善人为朋，莫如汉献帝；能诛戮清流之朋，莫如唐昭宗之世；然皆乱亡其国。更相称美、推让而不自疑，莫如舜之二十二臣，舜亦不疑而皆用之。然而后世不诮舜为二十二人朋党所欺，而称舜为聪明之圣者，以能辨君子与小人也。周武之世，举其国之臣三千人共为一朋，自古为朋之多且大莫如周，然周用此以兴者，善人虽多而不厌也。夫兴亡治乱之迹，为人君者可以鉴矣。

※ 如无特别要求，所有答卷都必须用汉语简体字书写。(46~48)

40. 词和短语的划分是汉语学习的难点之一。请先运用扩展法对下面划线的五个词语进行检测并加以归类，然后从扩展前后的语义变化来分别说明其归类的依据。(5分)

- 出门时别忘了关好门窗。
- 这条新修的马路又宽又直。
- 请大家说说对这件事的看法。
- 你要是眼热，就去买一件吧。
- 我们小区里的木门换成铁门了。

---

41. 下面(A)是学生的作文，(B)是教师看完作文后跟学生的对话。请在(A)中找出造成教师误解的句子，并说明其原因，然后予以修正。(5分)

(A)

清晨起来, 拉开窗帘, 一个银亮的世界出现在我眼前。我一看见这飘舞的 雪花, 就只想马上奔出房门, 扑进这雪白的世界。妈妈送我出家门后, 发现我没有带手套, 忙回去拿, 又再三嘱咐我一定要等她。我却只顾观看雪景, 头也不回地急着上路了, 不管妈妈在后面如何追我。忽然脚下一滑, 摔倒在雪地上。若不是得到好心人的帮助, 肯定会出大事的。我和妈妈都非常感谢他。

(B)

你现在怎么样了？没摔坏吧？
不是我, 是我妈妈摔倒了。
是吗? 我还以为是你呢。

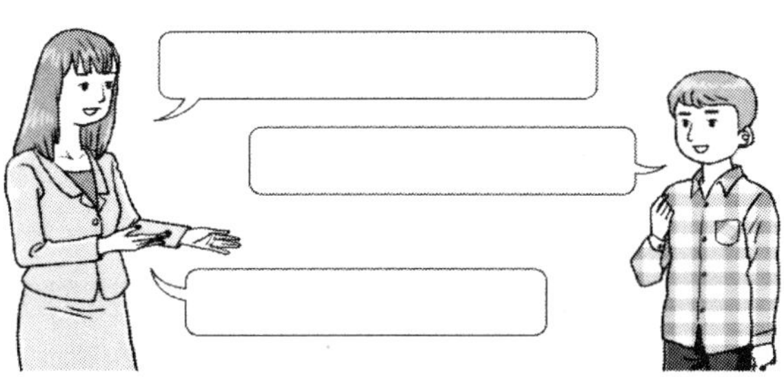

教师　　　　学生

42. 请写出(A)的作者在中国散文史上所倡导的创作主张，并说明(B)的作者对后世文学的影响。(5分)

(A)

大凡物不得其平则鸣。草木之无声，风挠之鸣；水之无声，风荡之鸣。其跃也或激之，其趋也或梗之，其沸也或炙之。金石之无声，或击之鸣。人之于言也亦然。有不得已者而后言，其歌也有思，其哭也有怀，凡出乎口而为声者，其皆有弗平者乎！

(B)

穷发之北，有冥海者，天池也。有鱼焉，其广数千里，未有知其修者，其名为鲲。有鸟焉，其名为鹏，背若泰山，翼若垂天之云。抟扶摇羊角而上者九万里，绝云气，负青天，然后图南，且适南冥也。斥鴳鸟笑之曰："彼且奚适也？我腾跃而上，不过数仞而下，翱翔蓬蒿之间，此亦飞之至也。而彼且奚适也！"。

43. 请阅读(A)、(B)、先将(A)中划线的部分翻译成现代汉语，然后在(B)中找出与(A)的主题相关的词句。(4分)

(A)

有蒋氏者，专其利三世矣。问之，则曰："吾祖死于是，吾父死于是，今吾嗣为之十二年，几死者数矣。" 言之，貌若甚戚者。余悲之，且曰："若毒之乎？余将告于莅事者，更若役，复若赋，则如何？" 蒋氏大戚，汪然出涕，曰："君将哀而生之乎？则吾斯役 之不幸，未若复吾赋不幸之甚也。… (略) … 余闻而愈悲。孔子曰："苛政猛于虎也！" 吾尝疑乎是，今以蒋氏观之，犹信。呜呼！孰知赋敛之毒，有甚是蛇者乎！故为之说，以俟夫观人风者得焉。- 柳宗元《捕蛇者说》-

(B)

孟子对曰："地方百里而可以王。王如施仁政于民，省刑罚，薄税敛，深耕易耨，壮 者以暇日，修其孝悌忠信，入以事其父兄，出以事其长上，可使制梃，以挞秦楚之坚甲利兵矣。" -《孟子·梁惠王》-

---

---

44. 下面是关于"审美距离"的一段文章。请对下文的内容进行概括，并写出ⓐ在文章中的意思。(4分)

王渔洋的《秋柳诗》中有两句说："相逢南雁皆愁侣，好语西乌莫夜飞。" 在不知这诗 的历史的人看来，这两句诗是漫无意义的，这就是说，它的距离太远，读者不能了解它，所以无法欣赏它。《秋柳诗》原来是悼明亡的，"南雁"是指国亡无所依附的故旧大臣，"西乌"是指有意屈节降清的人物。假使读这两句诗的人自己也是一个ⓐ"遗老"，他对于这两句诗的

> 情感一定比旁人较能了解。但是他不一定能取欣赏的态度，因为他容易看这两句诗而自伤身世，想到种种实际人生问题上面去，不能把注意力专注在诗的意象上面，这就是说，《秋柳诗》对于他的实际生活距离太近了，容易把他由美感的世界引回到实用的世界。
>
> - 朱光潜《“当局者迷，旁观者清”——艺术和实际人生的距离》-

45. 请阅读下文，从文中找出两处有关“宝康”作品评价的语词，并说明“宝康”认为自己无法获奖的原因。(4分)

> “我是个作家，叫宝康—— 您没听说过？”
>
> “哦，没有，真对不起。”
>
> 在“三T”公司的办公室里，经理于观正在接待上午的第三位顾客，一个大脑瓜儿细 皮嫩肉的青年男子。
>
> “我的笔名叫智清。”
>
> “还是想不起来。您说吧，您有什么事，不是想在我们这儿体验生活吧？”
>
> “不不，我生活底子不体验也足够厚。是这样的，我写了一些东西，很精彩很有分量 的东西，都是冷门，任何人看了脑袋都‘嗡’一下，傻半天——我这么说没一点言过其实，很多看过的人都这么认为，认为起码可以得个全国奖，可是…… ”
>
> “落了空？”
>
> “准确的说我压根没参加评奖，我认为毫无希望。瞧，我是个有自知之明的人。也许 你不太了解文学圈里的事，哪次评奖都是平衡的结果，上去了一些好作品，但同样好的作品偏偏上不去。”　　- 王朔《玩主》-

46. 下面的(A)、(B)是明代的两个文学主张。请先写出倡导(A)、(B)主张的文学流派，然后依据(A)~(C)写出小品文在形式、内容、语言上的特点。(5分)

(A)

文必秦汉，诗必盛唐。

(B)

独抒性灵，不拘格套。

(C)

小品文在晚明时期趋向兴盛，与当时文人文学趣味发生变化有着重要的联系。人们 的欣赏视线从往日庄重古板的"高文大册"，转移到了轻俊灵巧而有情韵的"小文小说"，而且小品文一般不用奇字僻句，显得生动明快，从而扩大了小品文欣赏的读者群和创作的数量，一些小品文的选本和以小品命名的文集也随之出现。

47. 下面是某教师为中国文化教学而设计的一份教案。请阅读教案内容，按<答题要求>写出该教案的学习目标，并就教学方法及注意事项加以叙述。(10分)

单元名		第九课 春节快乐!	课时	6/6
学习目标		1. ________ 2. ________		
教学步骤		教学活动		教具
		教师	学生	
导入(7分钟)		… (略) …	… (略) …	…(略)…
展开 (35分钟)	引入	•告诉学生检索词“春节习俗”。	•在老师的指导下输入检索词。	电脑 平板电脑
	讲解	•讲解春节习俗： ⑴ 吃饺子：饺子跟“交子”谐音，表示子夜时分新旧年交替的意思。 ⑵ 吃汤圆：汤圆跟“团圆”谐音，表示全家团圆的意思。 … (略) … •讲解部分用韩语进行，关键词则用中文表达。 •播放电影片段、电视广告，并让学生对春节传统习俗和现代习俗进行比较。	•认真听老师讲解。 •用老师所说的关键词造句。 •观看老师播放的视频，并讨论春节传统习俗和现代习俗的不同。	电影片段 电视广告
	活动	•画年画 展示中国典型的年画。	•动手临摹老师所展示的年画。	PPT，画纸，彩笔
总结(8分钟)		… (略) …	… (略) …	…(略)…

〈答题要求〉

– 按绪论、本论、结语这一形式进行叙述。
– 根据以《2009年修订教育大纲》为依据的中国语Ⅰ教育课程进行叙述。
  • 该教案以“成就基准”为依据，就“语言文化”和“文化遗产”两项内容各设定了一个目标，根据教案内容写出相应的学习目标。
  • 就上述教育课程“文化”部分所示教学方法中该教案所使用到的四种方法，一一加以叙述。另外，未使用到的方法也须叙述一种。
  • 上述教育课程中就文化教学时的资料选用，列有几点注意事项，结语部分中叙述其中的一点。

【2017 중등교원 임용시험 중국어 교과 기출문제】

※ 如无特别要求，所有答卷皆须用汉语简体字书写。(59~70)

48. 下面是有关“动作进行”的翻译作业。找出有误的两个句子，予以改正，并说明理由。(4分)

(1) 지난 주 금요일에 제가 그를 찾아갔을 때 그는 실험을하고 있었습니다.
→ 上星期五我去找他的时候，他正在做实验了。
(2) 그녀가 당신을 삼십 년 내내 기다리고 있습니다.
→ 整整三十个年头，她一直正在等你。
(3) 내일 당신이 여기에 도착했을 때 저는 아마 회의 중일겁니다.
→ 明天你到这儿的时候，我可能在开会。
(4) 조금만 더 기다립시다. 그가 오는 중입니다.
→ 再等一会儿吧。他正在来的路上呢。

49. 阅读(A)和(B)。利用(B)中的语句，写出ⓐ在新文化运动中的具体行为和ⓑ象征的意义。(4分)

(A)

因大笑，出示日记二册，谓可见当日病状，不妨献诸旧友。持归阅一过，知所患盖“ⓐ迫害狂”之类。语颇错杂无伦次，又多荒唐之言；亦不著月日，惟墨色字体不一，知非一时所书。……凡事总须研究，才会明白。古来时常吃人，我也还记得，可是不甚清楚。我翻开历史一查，这历史没有年代，歪歪斜斜的每叶上都写着“仁义道德”几个字。我横竖睡不着，仔细看了半夜，才从字缝里看出字来，满本都写着两个字是“ⓑ吃人”！

≪狂人日记≫

(B)

几千年的中国历史长河中，封建伦理思想在摧残人的普遍幸福的同时，也扼杀了人 性。五四新文化运动本质上是企求中国现代化的思想启蒙运动。在西方现代思潮的影响下，晚清以降积累下来的历次社会变革的经验教训，使人们意识到中国要向现代社会转变，建立名副其实的民主共和制度，必须在意识形态尤其是价值观领域彻底反对封建伦理思想，击退在辛亥革命后愈加嚣张的复古逆流。

____

____

____

50. 阅读(A)和(B)。先利用(A)中的词语造一个恰当的句子，完成ⓐ。然后说明ⓑ可表达的两个意思。(4分)

(A)

语境指人们在交际中运用语言以及理解话语时所处的各种环境。语境对于话语形式 的组织、选择和语义的隐显、确定皆有很大的影响，是影响语言交际的十分重要的因素。例如“你个子高”表示说话人的一个判断，其字面意义指受话人身材比较高大。如果某人要晾衣服，但够不着绳子的时候，对旁边一位身材高大的人说:“你个子高”，可理解 为说话人向那位高个子提出了一个请求:“(　　　ⓐ　　　)”

(B)

歧义指话语有两种或两种以上不同的解释。引起歧义的原因一般可分为下面两种。一个句子里某个词是多义词，可能引起歧义。例如“这本书是黄色的”的“黄色”可指颜色，也可指色情。同一个句子在语法结构上的不同也会产生歧义。例如“他们是两个高中的学生”，既可以理解为两个不同高中的学生，也可以理解为同一高中的两个学生。语境对于消除歧义起着关键性的作用。例如“ⓑ她是去年生的孩子。”这句话不止一种意思，但 有了语境的帮助，歧义就消失了。

____

____

____

51. 阅读(A)和(B)。先写出ⓐ和ⓑ，再根据(B)叙述周学道对范进考卷的评价、以及他对当时科举制度的看法。(5分)

(A)

在清代，不少小说作品与八股文均有一定的关系，最具有代表性的作品是吴敬梓的(　ⓐ　)。它虽然假托明代故事，但小说展示的是18世纪清代中叶的种种社会风俗。尤其是，它全面叙述了科举制度、八股文，以及种种知识分子的丑态。除此之外，蒲松龄的(　ⓑ　)也不能说与八股文无关，因为它绝大部分篇章虽叙写的是神仙狐鬼故事，但谈及科举制度与八股文的篇章也很多，如<素秋>、<郭安>、<续黄梁>、<王子安>等。这些文章均充分揭发了科举制度的诸多弊端。

(B)

(　ⓐ　)第三回

周学道将范进卷子用心用意看了一遍，心里不喜，道:“这样的文字，都

> 说的是些什 么话！怪不得不进学！”丢过一边不看了。又坐了一会，还不见一个人来交卷，心里又 想道：“何不把范进的卷子再看一遍？倘有一线之明，也可怜他苦志。”从头至尾，又看 了一遍，觉得有些意思……又取过范进卷子来看，看罢，不觉叹息道：“这样文字，连我看一两遍也不能解，直到三遍之后，才晓得是天地间之至文！真乃一字一珠！可见世上糊涂试官，不知屈煞了多少英才！”忙取笔细细圈点，卷面上加了三圈，即填了第一名。

52 下面是○○高中汉语教师为教发音准备的一份教案。按〈答题要求〉，写出“教学目标”，并说明如何利用“教学资料”进行“教学活动”。(5分)

教学目标

:

教学资料

… (略) …

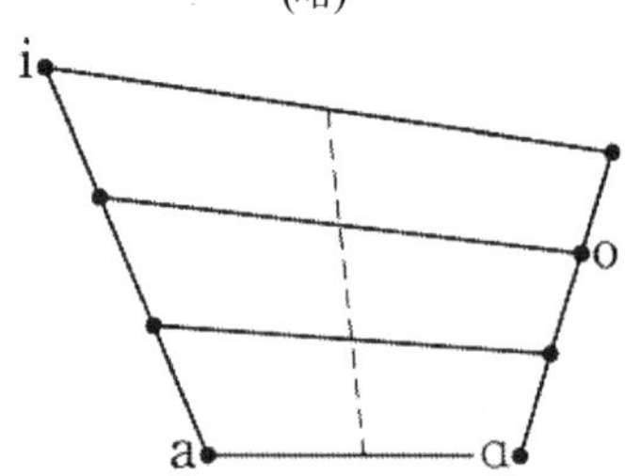

【国际音标元音舌位图】

… (略) …

教学活动

○ ≪汉语拼音方案≫是用拉丁字母拼写普通话语音的一套方案。汉语拼音的部 分拉丁字母代表两个或两个以上的音位变体。

○ "音位变体"指某一语言中属于同一音位的不同音素。

【汉语拼音ɑ的音位变体】

音位变体	出现条件	例字
ⓐ [a]	i 前	碍 开
ⓑ [ɑ]	o 前	刀 毛

※ [ ]为国际音标符号

… (略) …

〈答题要求〉

◦ 写出"教学目标"时, 使用"汉语拼音"、"音位变体"这两个术语。

◦ 说明"教学活动"时, 用"汉语拼音"、"国际音标元音舌位图"、"音位变体"这 三个术语, 先阐明ⓐ与出现条件之间的关系, 再阐明ⓑ与出现条件之间的关 系。

53 (A)是教师在课堂上进行的教学活动, (B)是≪2009年修订教育大纲≫<中国语Ⅰ>中的六项写作教学法。根据<答题要求>, 叙述(A)中教师是如何运用(B)进行教学活动的。(10分)

刚才我们对“已经”和“曾经”的用法做了比较说明。现在我们用10分钟的时间来练习 一下今天学过的内容。

已经 vs. 曾\经

用“已经”和“曾经”造几个与学校生活、旅行有关的简单句子。

已经 vs. 曾经

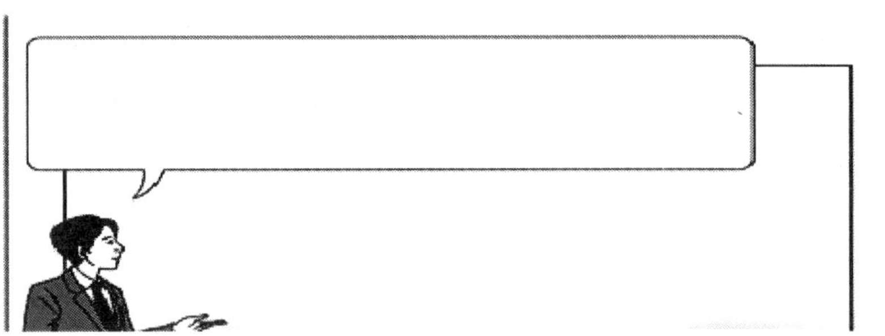

水晶同学用“已经”和“曾经”各造了一个句子，这一点她做得非常好。不过，其中(ⓐ)这个词用得不恰当，把它改成(ⓑ)，就通顺了

下个月我们学校将举行汉语演讲比赛。我小时候曾\经参加了演讲比赛, 但是已经过了很长时间, 所以不知道该怎么准备。

<答题要求>

◦ 按前言、本论、结语这一形式进行叙述。
◦ 首先从(B)中选出(A)所使用的三项教学法, 然后叙述(A)中教师是如何将这三项教学法应用到此教学活动的。
◦ ⓐ和ⓑ所指的词应写入叙述中。

---

54 (A)是学生的作文, (B)是教师给出的改正错别字的习题。分别说明学生写错ⓐ和ⓑ的原因, 然 后以此为根据, 找出(B)中的两个错别字,予以改正。(4分)

(A)

我从来没去过外国, 但据媒体以及周边朋友提供的消息可知,国外的生活有很大的ⓐ 美力 : 除了可以交不同国家的朋友, 还可以ⓑ亨受异国的美食。总之, 会获得大开眼界 的机会。

(B)

(1) 不知是什么缘故, 小红今天的情绪很不好。
(2) 她是一个喜欢幼想的女孩。
(3) 他不停地打电话, 影响了我的睡面。
(4) 我们只好把寻物启事贴在布告栏上。

【2017 중등교원 임용시험 중국어 교과 기출문제】

※ 如无特别要求，所有答卷皆须用汉语简体字书写。(59~70)

55. (A)是教师准备的教案，(B)是第一小组活动之后的口头报告。先找出(B)里的两个偏误，然后从中介语的角度加以改正，并分别说明理由。(4分)

(A)

单元名	第八课 休闲活动	
教学目标	1. 使学生了解中国人的休闲活动 2. 使学生理解中介语的迁移现象	
教学步骤	教学活动	教具
导入	… (略) …	…(略)…
展开	… (略) … 3. 各小组的休闲活动报告 ○ 第一小组休闲活动的口头报告：打篮球 ○ 第二小组休闲活动的口头报告：拉二胡 … (略) … 4. 讨论、辅导和反馈：互动教学 … (略) …	电脑、 投影仪

(B)

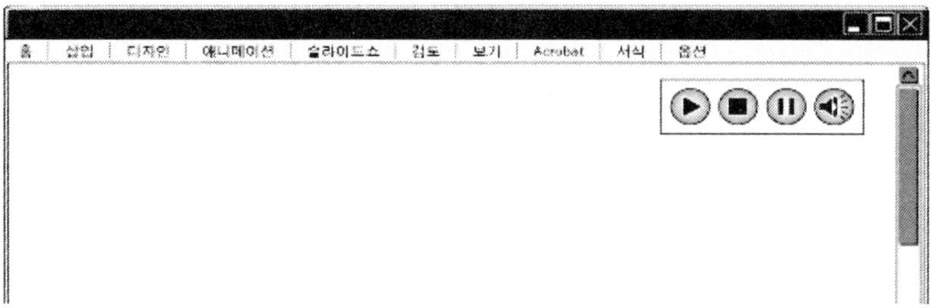

打篮球

老师、各位同学, 大家好！

上个星期天我们小组的成员一起去打篮球了。我们约好那天上午十点在○○高中篮球场集合。可是有一个同学迟到了。他说:“我以为九点半在 我家出发, 应该不会晚, 没想到星期天早上还这么堵, 真对不起！”到了十点三刻我们才开始比赛。一开始我们队打得不太好, 但还是胜利了那场比赛。我们都非常高兴。

谢谢大家！

---

56. 下面是一份学生做的翻译作业，找出并改正划线部分翻译错的两个地方，并分别说明理由。(4分)

(1) 기회가 되면 서울을 다시 방문하시기 바랍니다.
希望您有机会还来首尔访问。

(2) 그는 보드를 타면서 공중제비도 돌 수 있다.
他一边滑滑板，还可以一边翻跟斗。

(3) 과제가 너무 많아 오늘 끝내지 못하면 내일 마저 해라.
作业太多了，今天做不完的话，明天再做吧。
(4) 너는 프랑스 외에 영국도 보러 가야 해.
除了法国以外，你再应该去英国看看。

---

57. 阅读(A)~(D)，按照故事的进展，对(A)~(D)进行恰当的排序，然后说明如此排序的理由。(4分)

(A)
第二天早上，我看见英娥抱着这婴孩，教她叫公公。但她只是对我看看，毫无表情 。我也毫不注意，因为她不会讲话，不会走路，也不哭，家里仿佛新买了一个大洋囡囡，并不觉得添了人口。

(B)
我们当然欢迎。深黄昏，一辆小汽车载了南颖和她父母到达我家，住在三楼上。华 瞻和志蓉有时晚上回来伴她宿；有时为上早课，就宿在江湾，这里由我家的保姆英娥伴 她睡。

(C)
大约默默地过了两个月，我在楼上工作，渐渐听见南颖的哭声和学语声了。她最初 会说的一句话是"阿姨"。这是对英娥有所要求时叫出的。但是后来发音渐加变化: 阿呀 "，"阿咦"，"阿也"。这就变成了欲望不满足时的抗议声。

(D)
南颖是我的长男华瞻的女儿。七月初有一天晚上，华瞻从江湾的小家庭来电话，说 保姆突然走了，他和志蓉两人都忙于教课，早出晚归，这个刚满一岁的婴孩无人照顾，当夜要送到这里来交祖父母暂管。

58. (A)是一段有关中国文化的对话，(B)是≪2015年修订版高级中学教育大纲≫<中国语I>(教育部第2015-80号)里的教育目标第二项。根据“答题要求”，论述教师如何教中国人际关系。(10分)

(A)

甲: 一般中国人很重人情, 更看重关系。你跟他有关系, 办事就好商量, 很难办 的事也变得较容易。关系一般的话, 他就会对你公事公办。

乙: 你是说中国人待人都是内外有别, 对吧?

甲: 对。人际关系, 最重要的就是搞好关系, 把外人变成自己人。“在家靠父母, 出门靠朋友”, 自己人越多也就越好办事。否则你有能力也很难施展。

乙: 你说得有道理。

甲: 说实话，你要在社会成功，就得搞好关系。俗话说，多一个朋友多一条路嘛 。人们为了增进感情、拉关系而请客吃饭、送礼。

乙: 中国人为什么这么重视人际关系呢?

甲: 那还不是中国人口太多, 竞争太激烈。

乙: 嗯, 我懂了。可是, 这种关系会不会跟腐败现象有关, 产生社会的诚信危机 呢?

甲: 是啊。有权的人贪财的话, 容易陷入权力寻租的陷阱里。而老百姓除了自己 圈子的人谁都不相信。

乙: 你的意思是在中国需要搞好关系, 但是, 不应该超越良心的底线。

甲: 是的, 就是这个意思。

(B)

基于对中国文化的理解来培养汉语交际能力, 通过对韩中两国文化的相互理 解来培养作为世界市民必须具备的公正态度和姿态。

〈答题要求〉

- ○ 按前言、本论、结语进行论述。
- ○ 以(B)的内容为基础, 论述(A)内容里人际关系的必要性和副作用。
- ○ 将(A)划线的词语写进论述内容中。
- ○ 要把论述内容写得通顺、自然。

____

____

____

____

____

____

59. 下面是教师在课堂上进行的教学活动。写出ⓐ、ⓑ、ⓒ, 然后据此说明汉语的特点。(4分)

老师, 我有一个问题想请教您。昨天学的"吃食堂"这个短语有些难懂。"饭"可以吃, "食堂"怎么吃呢?

是这样的。汉语的宾语不一定是动词的受事, "吃食堂"的"食堂"指的是吃的(ⓐ)。

原来是这样啊。太有意思了！老师, 您可以再给我们举个例子吗？

比如, 例(1)“打扫卫生”的“卫生”是“打扫”的(ⓑ) ;例(2)“开刀” 的“刀”是“开”的(ⓒ)。

(1) 你怎么不打扫卫生啊, 房间这么脏！
(2) 他的病情很严重, 不开刀不行。

60. 阅读下文，先用现代汉语解释ⓐ和ⓑ。然后写出来源于下文的成语，并写出它的含义。(4分)

> 管仲曰: “吾始困时，尝与鲍叔ⓐ贾，分财利，多自与，鲍叔不以我为贪，知我贫也 。吾尝为鲍叔谋事，而更穷困，鲍叔不以我为愚，知时有利不利也。吾尝三ⓑ仕三见逐于君，鲍叔不以我为不肖，知我不遭时也。吾尝三战三走，鲍叔不以我为怯，知我有老母也。公子纠败，召忽死之，吾幽囚受辱，鲍叔不以我为无耻，知我不羞小节，而耻功名不显于天下也。生我者父母，知我者鲍子也！”
>
> ≪史记·管晏列传≫

【2019 중등교원 임용시험 중국어 교과 기출문제】

※ 如无特别要求，所有答卷皆须用汉语简化字书写。

61. 阅读<A>和<B>，先从<A>中找出与ⓐ意思相近的语句，再从<B>中分别找出与ⓑ、ⓒ意思相近的语句，然后写出两部作品所共同体现的主题。(4分)

> 两人进来，先是静斋见过，范进上来叙师生之礼。汤知县再三谦让，奉坐吃茶，同静斋叙了些阔别的话，又把范进的文章称赞了一番，问道："因何不去会试？"范进方才 说道："先母见背，遵制丁忧。"汤知县大惊，忙叫换去了吉服，拱进后堂，摆上酒来。席上燕窝、鸡、鸭，此外就是广东出的柔鱼、苦瓜，也做两碗。知县安了席坐下，用的都是银镶杯箸。范进退前缩后的不举杯箸，知县不解其故，静斋笑道："世先生因遵制， 想是不用这个杯箸。"知县忙叫换去。换了一个磁杯，一双象牙箸来，范进又不肯举。静斋道："这个箸也不用。"随即换了一双白颜色竹子的来，方才罢了。知县疑惑他ⓐ 居丧如此尽礼，倘或不用荤酒，却是不曾备办。落后看见他在燕窝碗里拣了一个大虾元子送在嘴里，方才放心。吴敬梓 ≪儒林外史≫

> "唐小姐，现在的留学跟前清的科举功名一样，我父亲常说，从前人不中进士，随你 官做得多么大，总抱着终身遗憾。留了学也可以解脱这种自卑心理，并非为高深学问。ⓑ出洋好比出痘子，出痧子，非出不可。小孩子出过痧痘，就可以安全长大，以后碰见这两种毛病，不怕传染。我们出过洋，也算了了一桩心愿，灵魂健全，见了博士硕士们这些微生虫，有抵抗力来自卫。痘出过了，我们就把出痘这一回事忘了；留过学的人也 应说把留学这事忘了。像曹元朗那种人念念不忘是留学生，到处挂着牛津剑桥的幌子，就像甘心ⓒ出天花变成麻子，还得意自己的脸像好文章加了密圈呢。"唐小姐笑道："人 家听了你的话，只说你嫉妒他们进的大学比你进的有名。"鸿渐想不出话来回答，对她傻笑。……钱钟书 ≪围城≫

62. 下文是有关作者与其创作环境的著名文学主张。先将ⓐ翻译成现代汉语，然后写出ⓑ所指的书名，并从<A>中找出与ⓒ意思相近的词语。最后从<A>中找出与<B>的主题最相近的语句。(4分)

〈A〉

古者富贵而名摩灭，ⓐ不可胜记，唯倜傥非常之人称焉。盖文王拘而演≪周易≫；仲 尼厄而作≪春秋≫；屈原放逐，乃赋≪离骚≫；左丘失明，厥有≪国语≫；孙子膑脚， 兵法修列；不韦迁蜀，世传≪吕览≫；韩非囚秦，≪说难≫、≪孤愤≫；≪诗≫三百篇， 大抵圣贤发愤之所为作也。……仆窃不逊，近自托于无能之辞，网罗天下放失旧闻，略考其行事，综其终始，稽其成败兴坏之纪。ⓑ上计轩辕，下至于兹，为十表，本纪十二，书八章，世家三十，列传七十，凡百三十篇。司马迁 ≪报任安书≫

〈B〉

予闻世谓诗人少ⓒ达而多穷，夫岂然哉？盖世所传诗者，多出于古穷人之辞也。凡士之 蕴其所有，而不得施于世者，多喜自放于山巅水涯之外，见虫鱼草木风云鸟兽之状类，往往探其奇怪。内有忧思感愤之郁积，其兴于怨刺，以道羁臣寡妇之所叹，而写人情之难言，盖愈穷则愈工。然则非诗之能穷人，殆穷者而后工也。欧阳修 ≪梅圣俞诗集序≫

63. <A>是教师设计的练习题，<B>是学生的练习答案。找出<B>中两个有误的句子，并说明其原因。(4分)

〈A〉

※ 밑줄 친 ⓐ~ⓓ를 중국어로 옮기시오.

오늘은 학교에서 소풍을 가는 날이다. 설레는 마음에ⓐ 나는 오늘 너무 빨리 일어났다. 시계를 보니 겨우 5시밖에 되지 않았다. 한숨 더 자고 일어나 아침밥 을 먹는데 엄마가 말씀하셨다. "ⓑ 빨리 먹어." 학교에 늦을까 봐 ⓒ 나는 평소보다 30분 빨리 출발했다. 덕분에 우리 반에서 ⓓ 내가 제일 빨리 도착했다.

ⓐ (1) 。
ⓑ (2) 。
ⓒ (3) 。
ⓓ (4) 。

〈B〉

(1) 今天我太早起了。
(2) 你快吃吧。
(3) 我比平时早出发半个小时。
(4) 我到得最快。

【2020 중등교원 임용시험 중국어 교과 기출문제】

※ 若无特殊要求，所有答卷皆须用汉语简化字书写。

64. 〈A〉和〈B〉是两位教师的对话，〈C〉是与此有关的例子。分别写出ⓐ和ⓑ处应填入的术语，然后仿照〈B〉的说明方式解释〈C〉中(1)和(2)的差异。(4分)

〈A〉

有个学生问我，为什么"奶奶信仰佛教。""奶奶信佛教。"都可以说，而"*佛教是奶奶的信。"却不能说。这该怎么解释呢？

〈B〉

这可以从词性的角度进行解释。换个例子说吧，"检查"具有两个词性：用作(ⓐ)时可以简缩为单音节词"查"，如"我 (检)查了一次身体。"；用作(ⓑ)时不可以简缩为"查"，如" *我做了一次身体查。

〈C〉

(1) 今天我特(别)高兴。

(2) *今天是一个特的日子。

65. 下面是韩国学生写的邮件。先把ⓐ排列成正确的句子，然后把ⓑ改成正确的句子。最后再找出语法上有误的另外一个句子，把它改正并说明理由。(4分)

尊敬的王老师：

您好！

您过得怎么样？ⓐ说/ 我/ 汉语/ 了/ 没/ 好久，汉语水平退步了不少。暑假期间，ⓑ每天都打工了，非常忙；现在开学了，也非常忙。这个学期要听的必修课很多，一门汉语课都没选，所以最近打算利用网络资源学汉语。我明年二月就毕业了。毕业后，我想先旅游北京，然后在那儿读中国语言文学方面的硕士。非常期待再次见到老师。

顺祝

教安

您的学生△△△ 敬上

66. <A>是教师给出的翻译作业，<B>是学生提交的一份答案，先把ⓐ和ⓑ翻译成中文，然后从<B>中找出一个语法上有错误的句子，并加以改正。(4分)

〈A〉

※ 다음을 중국어로 번역하시오.

나는 중국어를 3년 넘게 배우고 있습니다. 어떤 때는 ⓐ 중국친구에게 배우고 어 떤 때는 학원에 가서 배웁니다. 며칠 전에 중국 친구가 여름 방학을 하자마자 바로 귀국한다고 했습니다. 나는 그녀에게 감사 인사를 제대로 해야 겠다고 생각했습니다. 그녀는 나에게 용기를 주었을 뿐만 아니라, 책에 없는 많은것들을 가르쳐 주었기 때 문입니다. 오늘 점심 때 ⓑ 나는 그녀에게 맛있는 한국 음식을 대접해 주었습니다. 밥을 먹고 나서 우리는 함께 차를 마시고 이야기를 나누며 매우 즐거운 오후 시간을 보냈습니다.

〈B〉

我汉语学了三年多了。有时候____，有时候去补习班学。几天前，中国朋友说 她一放暑假就回国。我觉得应该好好儿谢谢她，因为她不仅给了我勇气，还给我教了很多书本上没有的东西。今天中午________________。吃完饭，我们一起喝 茶、聊天，度过了非常愉快的午后时光。

【2021 중등교원 임용시험 중국어 교과 기출문제】

※ 若无特殊要求，所有答卷皆须用汉语简化字书写。

67. 阅读下文，先写出ⓐ和ⓒ处应填入的词语，然后具体说明ⓑ、ⓓ的由来。(4分)

端午节是中国夏季最重要的节日。因"午"字与"(ⓐ)"字为同音，端午在古代又称 "端五"、"香五"。它的起源有不同的说法。在民俗文化领域，影响最广的是纪念屈原说。很多中国人把端午节ⓑ"龙舟竞渡"、"吃(ⓒ)"的风俗都与屈原联系起来。传说，屈 原投江以后，当地人伤其死，便驾舟奋力营救，因有竞渡风俗；又传说，人们放食物到水中祭屈原，但多为蛟龙所食，后因屈原的梦中提示才用竹叶包饭，外缠彩丝，做成后来的(ⓒ)。

巫术活动也是端午节的重要起因。五月五日在古代被认为是"恶月"、"恶日"，所以 过端午节有驱疫逐邪的巫术因素。≪风俗通≫中说，汉代五月五日用青、赤、黄、白、黑五种丝线合成线索，系于壁上，以驱瘟病，除邪止恶。此外，端午节还有ⓓ饮雄黄酒的风俗。雄黄酒就是加入药物雄黄的酒。流传至今的民间故事≪白蛇传≫中，就有白蛇娘子在端午节饮雄黄酒而现出原形的情节，民间由此便认为在端午节饮雄黄酒可以驱邪解毒。

강성조(姜聲調)

• 원광대학교 중어중문학과 졸업(학사)
• 대만 사립 동오대학 중문연구소 졸업(석사)
• 대만 국립 대만사범대학 국문연구소 졸업(박사)
• 원광대학교 한의학전문대학원 Post- Doc
• 현재 원광대학교 교육대학원 중국어교육전공 교수
• 现任中国上海华东师范大学先秦诸子研究中心与上海古籍出版社合编「诸子学刊」(名列为150篇中文社会科学引文索引CSSCI来源期刊、核心期刊)论文审核委员兼编辑委员

저서
• 『苏轼的庄子学』(1999)
• 「실용 중국어 어법」(2005)
• 「입학사정관제에 대한 준거집단의 의식연구」(공저, 2014)
• 「现代중국어 교과교육론」(2020)

现代 중국어 논리 및 논술

초판 1쇄 발행 _ 2021년 3월 15일

저 자 · 강 성 조
발행인 · 정 현 걸
발 행 · 신 아 사
인 쇄 · 대명프린팅
주 소 · 서울특별시 은평구 통일로 59길 4 2층(122–826)
전 화 · (02) 382-6411 팩스 · (02) 382-6401
홈페이지 · www.shinasa.co.kr
E-mail · shinasa@daum.net
출판등록 · 1956년 1월 5일(제9-52호)

ISBN: 979-11-91158-16-8 (93720)

정가 *16,000* **원**